32歳の悩める女子が美容外科医に聞いてみた

痛い？
こわくない？
いくらなの？

医学博士・
日本専門医機構
形成外科領域専門医
丸山直樹

現代書林

まえがき

みなさん、こんにちは、銀座マイアミ美容外科院長の丸山直樹です。

２０１７年に東京・銀座に開業して以来、ありがたいことに大変多くの患者さんが来院してくださり、最近では「なかなか予約が取れない！」とお叱りを受けるほどになってしまいました。１人でも多くの方のご希望に沿うべく、２０１９年春、同じく銀座に別院も立ち上げることができました。

院長というからには医療のことだけでなく、医療法人として経営のことも考えていかなければいけないのですが、その意味でも本当に恵まれていると感謝しています。

今回、出版を決意したのは、私が日々、診療を続ける中で、どうしてもみなさんに強く訴えたいことがあるからです。

私がお伝えしたいこと、それは「みなさんに賢い選択をしてほしい」という、まさにそのことです。

私の出身は形成外科で、大学病院の形成外科で修業を積み、その後美容外科のトレーニングを行ったのちに、開業に至りました。

ところが美容外科の世界に入ってみると、驚かされることがいろいろありました。

ひとつは「価格」、つまりお金です。美容外科は「自由診療」です。すると、その中で行われていることがブラックボックスになってしまっているのです。

- **最初は「3万円」と言っていたものが、実際に行ってみたらあれもこれもと積まれて最終的に「50万円」になってしまう**
- **「豊胸手術100万円」の100万円には根拠がない。単なる「相場価格」に過ぎない**
- **年収100万円前後の人を説得して100万円のローンを組ませる**

一部ではあるにしろ、こんな不思議な価格づけ・強引な契約がなされている現状があります。

またこれも一部ですが、専門ではない医師、アルバイトの医師が「にわか仕込み」で手術を行っているケースもみられます。

たとえば心臓の手術をするときに、「いつもは整形外科で骨を診ていますけど、今日はちょっとアルバイトで来ました」という医師が出てきたらどうでしょうか？　というか、そんなこと、ありえませんよね。

医療である以上、美容外科も同じはずです。

美容外科とは、〝形成外科を専門に学んだ人間が医学的根拠と技術に基づいて発展させるべき領域〟だと私は思っています。「医師の資格さえあれば誰でもできる」といった世界では断じてありません。

要は現状として、美容外科の世界は「玉石混交」、「医療格差」が存在するのです。そうである以上、患者さんの方が賢くなるしかないと思います。「正確な知識を持って、賢い選択をして、いい医療を受けてほしい」

私の思いはそこにつきます。

みなさんは、「きれいになりたい」、「コンプレックスを解消したい」という理由で美容外科を受診されると思います。そこにかける費用は決して安いものではないでしょう。

であれば支払った価値に見合った、いやそれ以上の「満足度」を手に入れてほしいと強く願います。

では「賢い選択」はどうしたらできるのでしょうか。

美容外科を選ぶ際、ネットで上位に出てくるところや、テレビで宣伝しているところが信頼できると思いがちかもしれません。しかし、本当にそれは賢い選択でしょうか。

みなさんが幸せになるために、何をどう選択すればいいのか、そのための指針となるべく、私は本書を世に問いたいと思っています。

「賢い選択」とは、本当にあなたの希望に寄り添い、しっかりした技術を提供できて、なおかつ「この人を幸せにしてあげたい」という、いってみれば当たり前の感覚、心を持った医師を選ぶことであり、それは「意識的に」選ばないとできないことです。

それをどのような形で伝えるのがわかりやすいかと考えた結果、患者さんの質問・疑問に直接私が答えればいいのではないかと思いつきました。

それも通り一遍というか、きれいごとではなくて、本当にみなさんが知りたいと思う、「本音」のトークが必要なのだと思いました。

そのため、32歳のＯＬ、ユリさんの質問に答える、というかたちにしました。美容外科に対して大変興味を持っていて、輪郭（エラ）の整形を

希望されています。過去にボトックス注射など、美容外科の利用経験もあるという設定です

彼女に患者代表・読者代表として、聞きたいことを遠慮なくぶつけてもらうことで本書を展開していきます。

対談形式になっているので、さらっと読めて、しかも実用的な知識が得られます。

ユリさんのざっくばらんでユーモラスなキャラクターもあって、読み物としても、とても楽しいものができたと思っています。

本書では、第1章でまず美容外科選びの総論について述べています。第2章以下は、手術の各論について述べます。目の手術、脂肪吸引、豊胸、輪郭形成、わきが・多汗症、刺青・タトゥー除去と続きます。

この6つに絞ったのは、いずれも非常に高度な技術が必要とされる分野だからです。この6つの手術に卓越しているということは、すなわち、美容外科としてそれなりの腕があると考えていいと思っています。この6分野は、美容外科の王道的分野でもあり、クリニックの実力を測るときに参

考にすべき分野なのです。

コンプレックスが解消でき、容姿に自信が持てると人生が変わります。〝悩みの解消〟というポジティブな体験は、〝正〟の連鎖反応を起こします。俳優さんが思いがけないほどいい役についたり、グラビアの仕事が決まったり……。

もちろん一般の方も仕事で昇進したり、ずっと彼氏がいなかった方の結婚が決まったりと、美容医療をきっかけに人生が好転していくのです。

美容外科には人を幸せにする力があります。

そのためにも、ぜひともいい医療、「ここを受診してよかった」と満足のできるクリニックを選んでください。

本書があなたの人生を切り拓く第一歩となれたら幸いです。

2019年10月

医学博士　丸山直樹

目次

第1章
本音で語る美容外科の選び方

第4章

豊胸

第5章

輪郭形成

第6章

わきが・多汗症

第7章

刺青・タトゥー除去

本書の登場人物の紹介

大原ユリ

32歳　OL

美容外科は法令線のヒアルロン注射と
エラのボトックス注射の経験があり、
多少の知識あり。
今後は本格的なエラ削りの
手術を受けたいと希望している。

丸山直樹

銀座マイアミ美容外科院長

自他共に認める「手術オタク」。
「賢い消費者になってほしい」と、
自らカウンセリングも行い、
1人ひとりの患者さんと丁寧に向き合う。
業界屈指のリピーターを誇る美容外科医。

美容外科のホントのところ、聞きづらいこともガンガン聞いちゃいますよ〜〜
受けて立ちましょう！なんでも聞いてください！

第１章

本音で語る美容外科の選び方

失敗しない、本当にいい美容外科を選ぶために

こんにちは！　大原ユリです！　美容整形する気満々の32歳です（笑）。

こんにちは。ユリさんは何の手術がご希望なのですか？

はい、いろいろあるのですが、一番は輪郭というか、エラです！　顔が大きく見えてしまうので長年悩んできたんです。

1回、プチ整形っていうんですか、ボトックスを打ったことがあります。そしたらエラがかなり目立たなくなって小顔になり、すごく感激したのですが、半年ぐらいで元に戻ってしまったので、やっぱり手術をしたいなと思って……。

それで情報を集めていて、いろいろなクリニックのホームページを見たり、口コミサイトをチェックしたりしています。美容整形について語り合う「ネッ

ト友達」もできました（笑）。
今回は、私が読者代表として先生にズバズバ聞いちゃいますよ！

どうぞ、どうぞ。なんでも遠慮なく聞いてください。

まずはざっくりの話でいいのですが、美容外科の選び方について教えてもらいたいです。
私たちの希望はとにかく「絶対に失敗したくない！」「きれいになりたい！」が一番です。でもその一方で、正直言って「なんだかあやしい感じ」「ここは大丈夫かな？」なんていう心配もぬぐえないのが美容外科なんです。

そうですね、まず美容外科というのは、当然のことだけど「医療」を提供する場であるべきです。それなのにそこを忘れて、商業主義に走っているクリニックが少なからずあるわけです。だから本当に見極める目を持たないといけない。

いきなりとんでもない剛速球を投げてこられましたね（笑）。

確かに私たちの関心もそこにあります。今はネットで口コミ情報もいっぱいありますけど、それも信ぴょう性がどうかと思うし……。プロの目から見て、見極め方のポイントを知りたいです。

見極め方はいくつかありますが、まず大きなポイントのひとつが「適正価格」かどうかということですね。

価格ですか？

ご存じのように美容外科は自由診療ですから、価格はクリニックによってまちまちです。まず「安さ」を売り物にしているところは要注意ですね。

えっ、要注意⁉　価格が安いのは良心的なところかと思っていました（笑）。二重手術が2万円でできるとか、私たちフツーのＯＬにとっては助かります。

その値段で済めばいいですよ。でも実際に行ってみたら、「あなたの場合は2

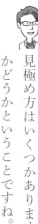

万円ではできない」とか、「2万円のやつは麻酔に太めの針を使うから腫れますよ。内出血の少ない極細針を使うオプションがあって、それはプラスいくらです」とか言って、どんどん上乗せされていく。

そういうのを戦略としているクリニックがあるから、気を付けた方がいいということです。ホームページを見て2万円だと思って行ってみたら、40万円になったりとか。

え!?　2万円が40万円になるんですか?

なりますよ。40、50万円になる。たとえば二重手術は一番簡単なのが「1点留め」といって、1ヵ所を糸で留めて二重にする方法です。これが2万円でできるとしますよね。たとえばの話ですよ。

ところが実際にカウンセリングに行ってみると、「あなたは2点留めじゃ駄目だから、3点留め、4点留めにしましょう」などと言って、糸1本が5万円、2本で10万円といった感じにつり上げていく、という感じですね。

だから価格表をよく見てみると、「二重手術2万円」じゃなくて、「二重手術

2万円～」と「～（ニョロ）」がついているでしょう。ここがミソというか、ポイントなわけですよ。これは一体なんなのか、電話して聞いた方がいい。

あはは、「このニョロはなんですか?」って聞けばいいんですね（笑）。

そうです。そこで明確な答えが返ってくればいいんですよ。
「ホームページでは書くスペースがなくて『二重手術○○万円～』としか書けなかったけれど、あれは1ヵ所で留めた場合の料金で、実際には2ヵ所で留める場合や3ヵ所、4ヵ所で留める場合があり、それぞれの料金は○○万円です。どれが適しているかは、実際診察しないとわかりません」と、そういう明確な答えがあるなら、「ニョロ」がついていてもいいんですよ。
　そうじゃなくて最低価格だけを提示して、あとは「カウンセリングで」と来院させて……という感じで値段を釣り上げていくところがあるから注意してほしいんです。そんなのイヤでしょ?

イヤです！　怖くて行けないです。

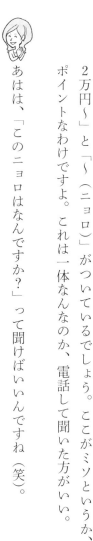

一部でもそういうヘンなことをやっているクリニックがあると、業界全体のイメージ低下につながるんです。

安いものには理由があるんですね。

あとは、逆に妙に高い設定にしているところも要注意です。

あ、ありますね。ホームページで価格表を見比べていると、「このクリニックは全体的に高め」というところがあります。それは「うちは特別に腕がいいから」ってことを売りにしているんではないですか？

実態を知っているから言うけど、必ずしも価格と技術が連動しているとは限らないですよ。僕らにしてみれば、どんな先生がいるかでだいたいそのクリニックの技術力がわかりますから。

なるほどホームページの裏読み術というか、そうやって見るんですね！　勉強

になります!

手術の価格はどう決まる?

ところで美容外科の手術の価格はどうやって決まっているんですか? 激安や高めの設定のところがある中で、だいたいは似たような価格設定だったりしますよね。アレがいつも不思議で……。

あれね、ズバリ言っちゃうと相場で決めているの。

ええっ!? 相場というと、株や金みたいな? 価格が一定してなくて状況で決まってくるやつですか?

そうです。美容外科は自由診療だから、各クリニックが自由に値段を設定していいわけですよ。そのときに、その地域のまわりのクリニックの価格設定を見

て「二重手術はいくら」「豊胸はいくら」みたいに決めている。別に根拠はないんだよね。

え〜〜！　じゃあ先生のところはどういう料金設定なんですか？

当院では「適正価格」を独自に割り出しています。その手術にかかる時間や材料費、人件費などを計算して、ヘンに激安にしない、でもぼったくり価格では決してない。「適正価格」ということを最重視しています。

そして大事なことは、ホームページに載せている料金以上のものをあとから上乗せしないということです。

ニョロはつかない（笑）。

つきませんよ。価格もそうだし、手術法もですが、必要な情報はホームページにすべて載せています。

でもそうするとね、ちゃんとリテラシーを持った患者さんが来てくれるんです。だから当院ではトラブルはほとんどないです。

それはズバリ、他院ではトラブルを抱えているところが多いという意味ですか（笑）？

う〜〜ん、患者さんから訴えられているところはあると思います。

安易にローンをすすめるところに行ってはいけない

あと、美容外科はローンを組ませようとしますよね。

私の友達はある美容外科で豊胸を希望したら、「１００万円」と言われて、「え、そんなにかかるんですか？」とビックリしていたら、「ローン組めばいいでしょ」と、こともなげに言われたそうです。簡単にローンを組ませるのって怖いと思うんです。

そういう感覚なんですよ。組めるマックスまでローンを組ませて、搾り取るみたいなところもありますよ。年収１００万円ぐらいしかない患者さんに、「ローンだから大丈夫でしょう」と言って１００万円の手術を組ませたりする。

彼女は「毎月の支払いは2〜3万円だから平気でしょう」とも言われたそうです。

そこですよ。１００万円で5年のローンを組ませるでしょう。そしたら結局金利をいくら払わなきゃいけないのかという話ですよ。支払総額で１４０万円以上になりますよ。

　それでその方は幸せになれますか？　美容外科は自由診療なわけだから、その人の経済状態も考えた上の全人的医療であるべきですよ。

そうすると、たとえば「こういう手術をしたいんだけど、予算がいくらしかないんです」って言っていいんですか？

予算があるなら逆に言わなきゃダメですよ。
その予算の中で最大限、希望を叶えるにはどうしたらいいかを考えるのがカウンセリングの場です。自由診療なんだから、医師はそこまで責任を持ってやらないといけないんです。

ない袖は振れませんものね。

遠慮する必要はまったくないです。

謎の「無資格」カウンセラーとカウンセリングをしてはいけない

あとクリニック選びで大事な点として、美容外科に行くと、「カウンセラー」と名乗る人が出てくるでしょう？

はい、私がヒアルロン酸やボトックスを打ちに行ったときも、最初にカウンセ

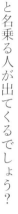

ラーが出てきてカウンセリングをして、なんか書類を書いてサインしました。

同意書ね。「これこれこういう医療行為をします」という契約を結ぶわけです。あれって、医療資格のない素人だって知ってる？

ええっ、看護師さんとか、なんかの資格のある人じゃないんですか？

看護師が兼任しているところもあるのかもしれないけれど、僕は聞いたことがない。だいたいは無資格者ですよ。

　無資格者が手術の説明をしたり、料金の説明をしたりする。とんでもない話でしょう。これ、美容外科の悪しき慣習だと僕は思っています。

　たとえば風邪ひいて内科に行って、受付の事務の人がいきなり「どんな具合ですか？　熱は？　喉の具合は？」と質問を始めて、「じゃあこういう治療はどうですか？」とすすめてきたらどうですか？

「は？」ですよね。どういうクリニックなのかと、不信感を持っちゃいます。

そうでしょう。あと、たとえば外科でポリープの手術をするというときに、無資格の謎のカウンセラーが出てきて、「ここをこういう風に切ります」なんて治療方針を説明し始めたらどうですか？

そんなの怒りますよ！「ちょっとあなた誰ですか？ 執刀医を出しなさいよ」ってなりますよ。……でも、それを考えると美容外科って特殊な世界ですね。

さっきの価格の話につながってくるのだけど、もうけ主義、商業主義のところだと、そういった専属のカウンセラーがなるべく高い手術をすすめて料金を釣り上げるように持っていこうとする。

それもヒラのカウンセラーには決定権がないから、患者さんが「じゃあこの手術で30万円でお願いします」と希望すると、それをチーフカウンセラーみたいな人におうかがいを立てに行くんですよ。

そこで「30万円では院長先生に怒られちゃうから、もうちょっと釣り上げなさい」みたいなことを言われて、また患者さんのところに戻っていく。

「じゃあ、これとこれをつけて50万円で」とか、がんばって釣り上げて、「わかりました」という話になったとします。

それをまたチーフのところに行くと、チーフが院長先生と話をして、院長が「こんなの全然話にならない。もっと取りなさいよ」と怒って、それでまた患者さんのところに戻って話し合う。そんなことをやっていたら、3時間、4時間はたっちゃうわけですよ。

患者さんも疲れちゃいますね。なんとか釣り上げて契約に持っていこうとするわけですか。

一部にしろ、そういうことをしているところがある。そういう実態があるわけですよ。

患者さんにしてみれば、ホームページなどを見て「この手術で30万円ぐらいかな」とだいたいのところを想定してカウンセリングに行くでしょう。ところが行ってみたら「これもやってあれもやってハイ、50万円！」と言われるわけです。

当然、患者さんはそこで「あっ！」となって迷いが生じますよね。迷いが生じて「あっ！」となった人間を説得して、自分たちが取りたい値段で買わせるようにしなきゃいけない。

クリニックに来てからの時間、労力がすごくかかりますよね。そんなことしていたら、結局、効率も悪いし、その分人件費もかかるわけでしょう。

そうしたら、クリニック側も「3時間粘ったんだから、相応の料金の契約をしないとソン」という意識が働くわけです。

そもそもそれは医療ですか？　どこが患者さんのためですか。

一昔前に流行った評判の悪いエステみたいですね……。クロージングをかけて100万円のチケットを買わないと帰してもらえないというところがありました。でもそれがクリニックで行われているなんて思ってもみませんでした。

それはもう医療じゃなくてセールスでしょう。それをやったらもう医療機関ではないです。

言っちゃいましたね(笑)。あの～、丸山先生って失礼ながら、見た目はめっちゃ温厚そうなのに、結構言うことは言うんですね。

だってこの業界、普通の感覚ではありえないことがいろいろあるから……。あ、誤解のないように言っておきますが、僕は同業者に厳しいだけで、患者さんには優しいですからね（笑)。そこ強調しておいてくださいよ。

わかりました。「患者さんには優しい（自称)」ですね！

「自称」は不要です！　え～～と、なんでしたっけ、だから、失敗しないための美容外科選びの第2のポイントとしては、医師以外と話をしてはダメです。「自称カウンセラー」が出てきたら「あなたは医師ですか？　何の資格があるんですか？」って聞いて、「医師ではないです」「資格はないです」と言われたら、「私は医療を受けに来たので、無資格者とは話しません」と言いましょう。

おお～～、すごいですね。私、気が弱いから言えるかな……（笑)。

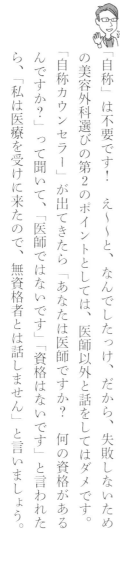

医師が直接カウンセリングする意味とは

先生のところは医師がカウンセリングをされるんですか？

当然です。この話の流れで「実はうちもカウンセラーを雇っていて……」ってなったらがっかりするでしょ（笑）？

あははは。でも医師がカウンセリングをしてくれるのはもちろんありがたいのですが、先生と話をすると、手術するかどうか迷ってしまったとき「やっぱりやめます」とは言いづらくなるのでは？

そんなことないですよ。もちろん断ってもゼンゼンＯＫです。たとえばね、高級ブランドのお店に行っていろいろ商品を見て、説明もしてもらったら、必ず買わなきゃいけないですか？　買わなくても全然問題ないでしょう。「ありがとう、また来ます」で済むじゃないですか。それと同じですよ。

そうか！　それは聞いてよかったです！　あと迷ってしまった場合は、家に帰って考えて、また出直してきてもいいんですか？

もちろんですよ。カウンセリングを複数回受ける人もいますよ。

カウンセリングを2回、3回と回を重ねることで、患者さんも「こういう考え方の先生なんだ」ってことがわかるし、僕らも患者さんの人となりがわかってくるわけです。そしたら「こういう手術はどうですか？」と、よりその人に合った提案ができるようになります。

うちなんか半年がかりで手術が決まるなんてこともめずらしくないですよ。美容外科の手術をするってやっぱりそれなりの決意がいるし、費用もかかるわけでしょう。だからこそ時間をかけてじっくり考えてもらっていいんです。

それを聞いたらすごく気が楽になりました。

うちの場合はＬＩＮＥやメール相談もやっています。とりあえずＬＩＮＥやメールで聞きたいとか、あるいはカウンセリングに行ったけど聞きそびれた、

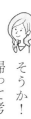

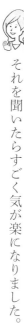

新しく疑問が出たというときは、こういうのを活用してもらえばいいんです。

それ助かりますね！　家に帰ってから「あ！　あれを聞くのを忘れた」っていうこと、やっぱりありますからね。

そういうことにきちんと対応してくれる医師が、信頼できる先生だと思います。LINEだったら患者さんも気兼ねなくいろいろ聞けるじゃないですか。

「イメージと違った場合」の保証について

あとカウンセリングでは、仕上がりが予想通りにいかなかったとき、イメージと違っていたとき、どういう保障があるのかということまでちゃんと聞いておきましょう。逆にそこをちゃんと説明できない医師はダメですよ。

美容外科はそれがありますよね。出来上がりのイメージの違いというか。私の

友達も埋没法の二重手術を受けたのですが、「自然な二重に」という希望を出したら、結局「奥二重」みたいな仕上がりになってしまって、不満げでした。

それは説明不足もあるかもしれないし、技術の未熟さかもしれないです。手術は魔法ではないから、限界もあるわけですよ。そこをちゃんと説明しないといけないんですね。

「医師がこの手術をやりたい」からとか、「この手術はできないからほかの施術をすすめる」などというのではなく、その患者さんの理想の状態を達成するにあたっては、何が必要だからこの手術が必要というアドバイスができることが大事ですよ。当たり前のことだけど、その当たり前ができていないところが少なくないんです。

今さらっとすごいことをおっしゃった気がするんですが、「医師がこの手術をやりたい」とか、「この手術ができないからほかの手術に誘導する」というのはなんですか？

そういう実態があるんですよ。ほかの手術ができないからとにかく自分の得意な方法に持っていくと。あとから述べるアルバイト医師の話にも通じますが。

う〜〜ん。ちなみに先生のところはどんな感じでカウンセリングされるんですか？

うちではカウンセリングのときに文書を用意していて、それに沿って行います。まず手術の目的や方法を説明しますよね。そして期待される効果とその限界とか、危険性、合併症の説明をします。また、ほかの手段、代替手段であなたの目的を達成させられる施術があるか、ないかということも話します。

それともちろん、金額の話と支払い方法。自由診療なんだから、なぜこういう金額なのかを説明して、納得してもらわないといけない。

その上で、手術を受けるかどうか、どういう手術をするか、患者さんに選択してもらいます。

そのときは「やる！」と決めてサインしても、家に帰ったら「やっぱりやめよ

うかな」ってなったときはどうすればいいですか？

もちろんキャンセルできます。その際の注意事項なども書いてあります。

だからこういうことって、医師と直接話さないとダメでしょう？

その通りですね。私、今まで何も考えずに無資格カウンセラーと契約していました……。

カウンセリングでしっかり医師と話して手術して、それでもなお、「仕上がりがイメージと違う」とか、「予想通りの効果が得られなかった」という場合はどうなりますか？

それについても一通り記載しています。当院ではほとんどないけれど、そのような場合があれば基本的には常識の範囲内でやり直しをします。完全に無料でやる場合もあるし、麻酔代など一部負担してもらう場合もあります。それはケースバイケースです。

①医師がカウンセリングをする理由

当院では手術を執刀する医師がカウンセリングも担当します。患者さんもそれが一番安心だから。カウンセリングを医師が担当すると言うと、「よくそんな余裕がありますね」とほかのクリニックの先生に言われることもあるけど、この方が合理的なんです。

当院の患者さんは、ほぼ「この手術を受ける」ということをあらかじめ決めた上で来院されます。それはなぜかというと、ホームページに患者さんの知りたい情報をわかりやすく提供しているから。ホームページで見た情報とこちらで話す情報に差がないから、あとは実際に担当する医師と対面してもらうのと、「何か質問ありますか？」と聞くぐらいで終わることがほとんどです。患者さんだって、医師にダイレクトに答えてもらった方がいいに決まっていますし、安心感につながります。そこで手術を受ける決定をしなかったとしても、非常に有益な時間になるはずです。

料金の話も「この内容だと、これぐらいの金額になります」と説明した上で、「どうしますか?」と聞きます。そうしたら答えは「やります」「やりません」「考えます」のどれか、三択ですよね。だから話が早いです。もちろん中には説明を聞いた上で、「やっぱり今は決心できないです」という人もいます。そしたら「わかりました。ではまたやりたくなったら連絡してくださいね」で終了します。

よけいな手術をすすめたり、決心がつかない人にその場で決めさせようとするから時間がかかるんであって、うちは一切そんなことをしないから、カウンセリングは無駄に何時間もかからないのです。

もうひとつ、医師が直接カウンセリングする形にしているのは、医師の側のモチベーションの問題でもあります。患者さんと直接話をして、契約をしたら、自然と「よし、この人のためにがんばろう」という気持ちになるものです。費用が100万円だったら「100万円以上の結果を出さなければ」と思うわけです。

だから、カウンセリングから手術までのすべての過程を医師が負うというのは、全員にとってメリットでしかないと思っています。

「早さ、効率」を求める大手クリニック

カウンセリングを医師が担当するというのは、患者側からすれば絶対安心だし、でもよく考えてみたら当たり前のことですよね。なんで多くのクリニックでは医師が対応せずに「謎のカウンセラー」を出してくるんですか？

効率の問題でしょう。カウンセリングなんかやるヒマがあるなら、1人でもいいから手術をしなさいというシステムになっているからです。

医師は手術に専念して、大量に送られてくる患者をさばいていくというのが一番効率がいいでしょう。どんどん来る患者をどんどん手術すると。

さっき言った私の友達も、ある大手クリニックで二重手術を受けたのですが、待合室にいっぱい患者さんがいて、次々呼ばれていくんだそうです。彼女の番が来たら「はい、ここに寝て」みたいな感じで、もう流れ作業みたいだったと言っていました。

いい、悪いの話ではないのですが、本当にシステマチックだったそうです。

一日何十人と二重手術をするから、クリニックによっては「患者さん1人に対して何分でやる」と時間が決められているところもあるんです。埋没法だったら何分、切開だったら何分とかね。

　経験の浅い医師なんかが時間がかかってモタモタしていると、ベテランの看護師に「先生、もっと早く！」なんて怒られたりする。

そんなことをしていたら、手術が雑になりませんか？　たとえばちょっと失敗したから修正したいというときに、「このままでいいや」ってなったりとか。

だから、そうですよ。時間内にさばくとなると、どこかにひずみが生じるわけですよ。僕はそれを実際に知っていて、それが嫌だったから自分で開業したというのも理由なんです。患者さん1人ひとりに、きちんと時間をかけて向き合いたいから。

　そうだ、最近実際にあった怖い話をしましょうか。

いや～～っ、怖ッ！

まだ一言も話していませんよ（笑）。

　このあいだ来た、あごの手術を希望された患者さんの話です。骨切りといって（第5章参照）上あごと下あごの骨を切って縮めて、長いあごを短くする手術です。

　その人はすでに5年前に他院で骨切りの手術をしているんですね。そのとき、「1週間後にチェックしますから」と言われて、見せに行ったら「はい、順調ですね。もう来なくていいですよ」と言われたそうです。

　そこがすでにおかしいんですよ。1週間後に経過を見て「ハイ、おしまい」なんて。

あごの骨を切るなんて、それなりに大掛かりな手術ですよね。

もちろん、経過もしっかり観察しないといけないです。でもまあ、患者さんとしては医師にそう言われたらもうチェックには行かないじゃないですか。別に

化膿などもなく、そのまま5年が経過したんですね。

ところが彼女は結果に満足してなかったんです。5年たって「やっぱりもっとあごを短くしたい」と言ってうちに来たんです。

そこで診察したら、その人のあごにはありえないものが入っているんですよ。

怖い！　何ですか？

あごの骨を切った後、ワイヤーで歯同士を固定するんですが、そのワイヤーがまだ歯に結ばれたままなんですよ。
本来これは手術後、3ヵ月〜半年で抜くのだけど、そのままになっていたんです。

ええっ？　それが5年間つけっぱなし？

そうですよ、そのせいで歯がボロボロになって虫歯にもなっている。まだ20代で若いのに……。ワイヤーはもう歯茎に埋まっていました。

怖い！　それは医療事故レベルではないですか？

医療事故ですよ。

そんなお粗末なことがあるんですね。

信じられないことです。その手術をした先生を僕はたまたま知っているんだけど、もともとの専門は形成外科でも美容外科でもない人で、骨切りの経験もあまりないはずです。そういうのが、つまり氷山の一角だと思いますよ。

その医師は「専門家」ですか？

そうなると美容外科の医師の質の問題にもなってきますね。先生はもともと形成外科のご出身ですけど、美容外科ってどういう経歴の先生がなるんですか？

美容外科というのは、形成外科を専門的に学んだ人間が、担当するべき分野だと僕は思っています。

だからうちの場合は、手術する人は形成外科の専門医、全身麻酔は麻酔科の専門医に限定にしています。特に手術がメインのクリニックなので、一定の技術や知識のない人間には手を出させないようにしているんです。

専門医ってなんですか？「俺はその分野に詳しい！」と自認しているお医者さんですか？

違う違う（笑）。各学会や、ちゃんと認定制度があって国の機関である一般社団法人・日本専門医機構が管轄しています。専門医というのは国がお墨付きを与えるということです。つまり、うちはそういう専門の医師をそろえているということです。

ところが実態としては、美容外科は「儲かるから」「楽だから」みたいな理由で専門外の医師が参入しているケースも多いんです。前歴が内科とか外科とか。

クリニックの方も大量に患者さんをさばく必要があるから、ろくに美容外科としてのトレーニングをされていないアルバイト医師を雇って、流れ作業で手術をさせるところもあるし。

アルバイト医師ってなんですか？　医師は医師なんですよね？

医師免許を持っていても、美容外科、形成外科の専門ではない人をパートタイムで雇うんです。いつもはほかのクリニックに勤めている人が、休みの日だけに来るとか、パターンはいろいろです。

　それでもまあそれで手術がうまくいけばいいんですよ。それは別に違反ではないし、結果がすべてですからね。

　でも何かあったときに、そういう人はクレームの対応ができないわけですよ。そういうトレーニングがされていない医師がやっているから、結局対応できなくて、逃げるしかないんです。

クレームが出たらどうするんですか？　居留守？（笑）

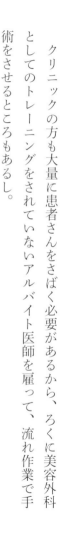

だからクレームが出たら例のカウンセラーが対応したりするわけです。クレーム対応の専門部隊を持っているところもありますよ。

ひ〜〜、なんだかすごい話ですね。

あと、あるクリニックなんですが、院長自身が「クレームを俺に回してくるな！」と厳命しているところもありましたよ。

どういうことですか？

たとえば、一般の外科手術で、おできかなんかの手術をしたとしますよね。ところが患者さんが1週間後に来て、「切ったところがどうもおかしい。痛くて、青くなっていて、突っ張るんです」と訴えたとします。

そしたら普通、どうしますか？　看護師がそれを見て、それをそのまま医師に伝えますよね。そして医師が出て来て「どれどれ」と言って診ますよね？

ところがそのクリニックではそういうことをしてはいけないんです。

してはいけないって、一体どうするんですか？

まず看護師が見て「こういうことは、1週間後だと当たり前だから心配しないでいいですよ」と言うんです。「青くなって痛いけれど、これは普通の経過です。あと1週間ぐらいするとよくなるからね」って言って安心させる。

それで最後に医師が出て行くと、もう患者さんはニコニコしているか、まあニコニコまでしていなくても、クレームは出してこない状況になっている。自分ではクレーム対応ができないからそういうシステムにしているんです。

えらい先生が泥をかぶらなくていいというシステムですね（笑）。

でも、中には本当に予後がよくなくて、やり直しや追加措置が必要な場合もあるのではないですか？

もちろんありますよ。だから、そういうのが見落とされて、すごい重くなってから発見されたりするんです。さっきのワイヤーの話じゃないけどね。

ほかにも僕の知っているだけでも、たとえば豊胸手術をした患者さんで、半年後に「胸が痛い、おかしい」と言って、レントゲンを撮ったらガーゼが入っていたということがありました。

海外における美容外科手術はアリかナシか

海外で美容整形をする人も増えていますよね。特に韓国での手術もすごく人気です。なんといっても安いのが魅力だし、韓国は技術も高いといわれていますし。これについて先生はどう思いますか?

韓国で手術したけれど、失敗したとか、満足できなかったという患者さんがうちにはいっぱい来ますよ。

えー、そうなんですか……。

まず言葉の壁があるでしょう。いくら通訳がいるといっても、通訳を通してでしか話せない人に手術を任せることができますか？　日本人同士だって、微妙なニュアンスが伝わらずに失敗することだってあるんですから。

もちろんそれで成功すればいいですよ。でも実際に韓国でやって失敗した人が後を絶たないから言っているんです。

このあいだ来た人は、韓国で鼻の手術をしてきたというのだけど、ビックリしましたよ。「角材」か「割り箸」でも入っているんじゃないかってぐらい、ハッキリクッキリした、不自然な鼻筋なんです。

聞けば自分の胸から軟骨（肋軟骨）を取って鼻筋に移植したというんです。日本の美容外科手術では、肋軟骨はあまり一般的ではありません。

肋軟骨は口唇口蓋裂の人など、よっぽど固いものを使わないと鼻の形が出せないときだけしか使わない。僕も大学病院の形成外科のときはやったことがありますが、本当にほかに選択肢がない場合の、特殊な例ですよ。

韓国ではそれを普通に美容外科手術でやっていると……。

それもね、その人は肋軟骨を胸の目立つところから切られていました。
どうしても肋軟骨を取るならば、目立たない、バストラインに隠れるところを切りますよ。特に女性の場合は、水着にもなるだろうし、より気を使います。「なんでこんなところを切ったの？」と彼女に聞いたら、「わからない、胸から取るなんて聞いてなかった」なんて言っている。

言葉の壁もあるのかもしれないけど、その人もそこはちゃんと聞かないと！韓国での手術も検討しようと思っていたけれど、そういう話を聞いちゃうと、ちょっと引きますね……。

あと僕が前に勤めていた病院では、韓国で手術して顔が半分溶けているような患者さんが駆け込んできました。

顔が溶ける？　ホラーみたい……。

菌に感染しちゃったんですね。顔が腫れてすごい状態でした。クリニックで対

応するレベルを超えていたので、すぐに美容外科手術後の対応も可能な大きな病院へ紹介しました。

　感染症も血中に入って全身に回ったら、最悪は死んじゃいますよ。その人だって、来院するのがもうちょっと遅かったら危なかったはずです。甘く見ない方がいいですよ。

そういう話を聞くと、韓国がどうのというよりも、海外で手術すること自体、リスクがあるということですね。

つまりね、アフターケアの問題なんです。何かあったときに海外だと対応できないでしょう。
　もちろん価格が魅力なのはわかるんだけど、僕の意見としては多少高くても日本で信頼できるクリニックを探してやった方がいいと思いますね。

その美容外科は「医療」と呼べるか

なんだか怖い話が続いてしまったけれど、本当に美容外科はしっかり選ばないといけないということがよくわかりました。

「ネットで見て一番上に来たから」とか、「大手だから安心だ」なんて適当に選んではダメですね。

私たちがどうして手術を受けたいかというと、やっぱりきれいになりたい、コンプレックスを解消したいからなんです。

私だってボトックスで長年のコンプレックスだったエラが目立たなくなって小顔になったときはホントにうれしくて、それだけで自分に自信が持てたんです。人生が拓けた気がしました。

美容整形は女性にとって夢だし、その夢に寄り添ってくれる、心あるクリニックやドクターを探したいですね。

その話で言うとね、手術って、その患者さんを治療する期間の中のほんの一瞬

なんですよ。

一瞬？　どういうことですか？

一般の形成外科の手術を考えるとわかりやすいと思うんだけど、たとえば巻き爪の手術をするとしますよね。それは患者さんと初めて会って診察をして、診断をするところから始まるわけです。

そして手術をして、その後の経過を見る。一般的に形成外科の常識としては、半年間は経過を見るということになっています。手術の跡はきれいに治っているか、再発はしていないか、生活に支障がないかなど。

そうしたら、手術なんて、その患者さんと付き合う半年間の中の、ほんの1時間の話でしょう。その1時間に付き合ってさえいれば、その患者さんを治療したことになるのかっていったら、決してそうではない。

手術をした後、その人が健康を取り戻してきちんとした社会生活に戻って満足いく生活をしてもらうのを見届ける。そこまでが医療なんです。

そうか〜〜。なんとなく治療したらおしまいだと思っていました。治療期間中、医療者が一緒に伴走してくれるのが医療なんですね。

その通りです。それと美容外科の場合は保険診療ではないから、その診察にかかる値段がいくらかというところを説明するのも大事になってきます。それも含めて、とにかくポンと手術をしてハイ、おしまいなんてありえない。

当然、問診もカウンセリングも、治療の値段の話も、その後の手術も、その後のケアも、全部同じ1人の医師、またはチームだったら、そのひとつのチームが一丸となって、その人が社会復帰して生活していくまで見届ける責任があるんです。

そういう姿がない、そういう形を取ってないのならば、それは医療とは呼べないでしょう。

お金儲けだけを追求すると、医療とはどんどんかけ離れていきますね。

「じゃあお前のところはどうなんだ」という話になるけど、もちろんうちも医

師や看護師に給料も払わなければいけないから、適正な利益は出さないといけない。そこは同じです。

でも根本のところで、理念がどこにあるかという話ですよ。儲け主義でやっているのか、医療をやりたいと思ってやっているのかの違いですよ。それはオーナーの姿勢が如実に反映されるところです。

そうすると、今までの話をまとめると、いわゆる大手は気を付けた方がいいということですか？

大手全部をまとめて切って捨てるわけでは決してないです。でもシステムの中でしか動けないわけですよ。そうすると「このやり方しかしてはいけない」と術法が決まっていたりして、なかなか自分の自由に動けない。ノルマもある。

もちろん中にはいい先生、技術を持った先生もいますけど、それが十分に発揮できるシステムになっているかというと、そこは疑問ですね。

先生みたいな個人のところは、なにかあったらダイレクトに評判に関わります

よね。

そうですよ。うちなんか失敗したらそこでゲームオーバー、試合終了ですよ。明日の自分の食いぶちがなくなりますから毎日が背水の陣ですよ。ちょっとした失敗が命取りにもなりますからね。日々真剣勝負です。

選ぶなら、最初から最後まで首尾一貫して医者が関わるようなクリニックが、やっぱり一番、失敗しないと僕は思いますね。

そしてそれは個人でやっているクリニックに多いという話です。地方でもね、探せばあるはずです。「まえがき」でも述べたように、僕はただ、みなさんに賢い消費者になってほしいんです。

私たち患者の側も受ける方も勉強しないといけないですね。さっきの話でも、カウンセリングで「これこれ、この手術で50万円」と言われたとき、「本当にその方法しかないんですか？」「これは別にいらないでしょう」と言えないといけないですね。

最初は別に勉強しないで来たっていいんですよ。1回、医師と話したら勉強になるから。大事なのはそこで安易に決めないことですね。

医師の話を聞いて、ちゃんと自分でも調べて、すべて納得してから初めて手術を受けることが大事です。

「失敗しないための受診チェックシート」を作ってみましたので、参考にしてください（P64〜65参照）。

コラム：ドクター丸山の本音トーク

②患者さんを不幸にする美容外科の見分け方

美容外科医の中には、「自分がやりたい手術だからすすめる、自分ができない手術だからすすめない」という考えでいる方が少なからずいます（第2章のコラムで実例を話しています）。

我々美容外科医は、すべての施術のメリット・デメリットを理解した上で、最善の方法を患者にすすめるべきで、自分ではその治療ができない場合は、他院の得意な先生に紹介するということをしなくてはなりません。

自分のクリニックの利益だけを追求していると、患者さんを不幸にしてしまうということを自覚すべきだと考えます。

美容外科医の中には、少なからずモラルに欠ける医師がいるのが現実です。

本書を読んでくださっている方は、ぜひカウンセリングで、じっくりと医師と話をしてほしいと思います。治療法が医師から提示された際には、その理論的根拠をしっかりと説明してもらってください。

その際に、「代替手段の有無」ということも説明してもらうといいでしょう。「先生の説明した方法以外のやり方はありますか？」と尋ねてみてください。

提示した方法以外の方法も説明できた上で、患者さんにはどの方法が適しているということをわかりやすく理論立てて説明できない医師は信用しない方がいいです。

自分の理想を実現するためには「こんなことを言ったら気を悪くされるかも」などと遠慮していてはいけません。

リピーターが多い理由

私の友達もそうだし、ネットで知り合った人もそうなんだけど、みんな「美容外科難民」なんです。

あちこち行っては「あそこはダメだった」「ここはこうだった」と文句を言っている（笑）。でもそれは満足できないからだと思うんですね。

価格を釣り上げたり、ローンをマックスまで組ませて搾り取るようなことをしていたら、結局そうなりますよ。リピートしようにもできないでしょう。

その意味でも適正価格って大事ですね。

ちょっと例は適切ではないかもしれないけれど、某ステーキレストランチェーンは、決して激安価格ではないけれど、ステーキハウスとしては、比較的リーズナブルですよね。そしてきちんとおいしい。

だから「また行こう」と思う。まずかったら二度と行かないけれど、おいしくてお財布にやさしいから、また行きたくなるじゃないですか。

美容外科もそういう存在であるべきだと思うし、少なくともうちはそうあるべく努力しています。

あくまで私の限られた経験ですが、美容外科の先生って、わりとクールというか、ビジネスライクな人が多いんです。でも丸山先生は全然気取ってないし、すごく話しやすいです。

ありがとうございます。でも結局はその先生のファンになってもらうことが一番なんですよ。
クリニックに行って、この先生だと任せられる、この先生にやってもらいたい、と思ってもらえることが大事だと思います。
でも本当にありがたいことにうちはリピーターがすごく多いんです。紹介も多いですよ。
うちでは「バレない豊胸」というのをやっているのだけど、「ここの『バレない豊胸』がすごくいいから！」といって友達を連れてくる。

バレバレじゃないですか（笑）。

そうなんです（笑）。でもありがたいことです。

図表1　失敗しないための受診チェックシート

美容外科を受診する前に情報を集め、以下についてまとめておくと、受診がスムーズです。

1st Step 医師に伝えることをまとめる

□ **どんなことが悩みで、何を相談したいか。**
□ **予算はどれぐらいか。**
□ **その悩みをいつまでに解決したいか。**

＊以上の項目を決めると、自分に適した施術方法の大枠が決まります。次に以下の細かな質問をしてみましょう。医療には聞きなれない言葉もあります。スマホの録音機能で会話を録音しておくと便利です。その際は、担当医師にメモがわりに録音する旨を一言伝えましょう。

2nd Step 施術方法について質問する

提示してもらった治療方法の質問

□**治療の効果を教えてください。また、限界はありますか？**

ダウンタイムの質問

□**腫れ：どのくらい、いつまで、人前に出られるのはいつですか？**
□**痛み：どのくらい、いつまで、痛み止めは必要ですか？**
□**内出血：どのくらい、いつまで、人前に出られるのはいつですか？**
□**運動の制限：ジムや力仕事など、普段の運動はいつから可能ですか？**
□**日常生活への支障：食事、睡眠、排泄、入浴、家事、性生活などへの支障はありますか？**

合併症・副作用の質問

□傷跡：どのような傷跡になりますか？ 目立ちますか？ いずれ消えますか？

□感染：感染のリスクはどの程度ですか？

□出血：出血はしますか？ 手術後も出血しますか？

＊念のため、そのほかに考えられる合併症や副作用についても確認しましょう。

3rd Step 提示された以外の治療法、そのほかに確認したいこと

□提示してくださった治療のほかに、私の希望を叶えることのできる方法はありますか？ あれば、その方法、効果、限界、ダウンタイム、合併症・副作用を同様に教えてください。

□施術のほかに費用はかかりますか？（検査、圧迫物や包帯、治療に必要な薬など）

□万が一希望通りにいかなかったときの補償はありますか？

□モニターなどの割引制度はありますか？

□支払い方法を教えてください。

□キャンセルしたい場合はどのような決まりになっていますか？

□今後、先生に質問などがある際はどちらに連絡をしたらいいでしょうか？

＊以上を確認して、施術を受ける・施術を受けない、または、一旦持ち帰って考えるのか、いずれかを選択します。少しでも迷ったら、一旦持ち帰って考えます。また、さらに質問があれば、カウンセリングを予約するか、各クリニックのルールに従って質問をしてください。最終的に、納得できたら施術を受けるようにしましょう。

スマイル300円

先生、遠慮しないで予算を言っていいんですよね。300円で私をきれいにして！

！

仕方がないですね。300円であなたをきれいにして差し上げる方法、それは僕のキラースマイルです！

ヤッター！

これであなたのきれいが1割方アップ間違いなし！

パアァ…

HAHAHAHAHAHA
いやいや、いりません……

第2章

目の手術

目の手術の基礎知識

施術内容

目の手術には二重術、デカ目（目を大きくする）手術、そのほかがあります。

【二重術】

・埋没法

厳選した針と糸でまぶたを数ヵ所止めることで二重の線を作ります。

・二重まぶた切開法

切開によって二重まぶたを作る方法です。脂肪が厚いなど、埋没法では二重が作れない場合に適しています。平行型でも末広型でも好きな形にデザインでき、幅の広さも自由に決められます。

【デカ目】

・目頭切開

目頭を切開して蒙古ひだを除去することで、目を大きく開くことができます。切開後は極細の糸で縫うので、目立つ傷になることはまずありません。

・目尻切開

目尻を切開して、切れ長の目を作ります。目尻に自然とできるシワの方向に切開して縫います。

・下瞼開大（グラマラスライン）

下まぶたを下げる施術をすることで、デカ目になる方法です。まつ毛の生えているラインを外に向かせることによってパッチリ感が増します。埋没法、切開法などの方法があります。

・挙筋短縮

上まぶたを大きく開くようにすることでデカ目を作ります。

【その他】

上まぶた・下まぶたのたるみ取り、まぶたの脂肪をスッキリさせる、まぶたのくぼみへの脂肪注入などもあります。

埋没法は本当にお手軽か？

目の手術はやっぱり一番ニーズが多いと思うんですよ。私のまわりの子もみんな二重にしたがっているし、実際に手術をした人も多いです。私は奥二重なんだけど、もしできるならもっとパッチリした二重にしたいです。あと左右差も気になるし。

こう言ってはなんだけど、二重術って美容整形の中では一番抵抗がないんですよね。埋没法なら簡単そうじゃないですか。

第1章の話にも通じるんですが、目の手術こそ、形成外科でトレーニングを積んだ医師でないとダメですよ。

まぶた自体は薄い膜で構成されていて、最も乱雑に扱ってほしくない場所なんです。だから高度な技術を持った医師を選ぶことがなにより大事です。

えっ、そうなんですか？　でもこう言っては何ですが、埋没法は糸で留めるだ

けですよね？　わりと簡単な手術だと思っていました。

留めるものほど難しいです。まず埋没法で二重ができるか、ちゃんと診断ができるかどうかがポイントなんです。

埋没法で二重ができない場合もあるわけですか？

もちろんありますよ。まぶたの脂肪の多い人は難しい場合があります。また二重には平行型と末広型があるんだけど、蒙古ひだの強い人は、平行型の二重を希望されても作れないことがあるんです。

その場合はどうなりますか？

目頭切開プラス埋没法、あるいは切開法になりますね。脂肪を少し取った方がいい場合もあるし。

なんでも埋没で解決ってわけじゃないんですね。

もちろんそうですよ。

それとね、眼瞼下垂*の人に埋没法をやると、トロンとした半眼みたいな感じになってしまう。「ガチャピン」ってわかりますよね。『ひらけ！　ポンキッキ』のキャラクターの。あんな感じの眠そうな目になってしまうんです。

挙筋（眼瞼挙筋）っていってね、まぶたを上げる筋肉があるんだけど、埋没法っていうのは、この挙筋から伸びる腱膜に糸を留めることで二重にするやり方なので、目を開ける筋肉が弱い人は二重にならないんです。だからまずはその診断ができることが何より大事です。

では眼瞼下垂の場合は、どうやって二重にしますか？

切開して、「挙筋短縮」っていう手術をしないといけないんです。ところが実際には、挙筋機能が弱い人に対して埋没法をやってしまっているケースが往々にしてあるんですね。

あのー、それってわりと基本的なことではないですか？　そんなことを間違う先生がいますか？

そうなんだけど……、それができていないところがあるから言うんです。「他院で手術をしたら、ガチャピンになっちゃいました」っていう患者さんがうちに来るから。そうなってほしくないから言っているんです。

そうか〜、「埋没法だからどこも同じようなものだろう」ってことじゃなくて、ちゃんとクリニックを選ぶことが大事ですね。

「切らないプチ整形」とか言うけれど、僕に言わせればそんな簡単なものではないです。まず診断が大事だし、どんな仕上がりになるか、デザインにめちゃめちゃ時間がかかるし。ミリ単位で考えて左右差もなるべくでないようにするとか。

　目っていうのは、それだけ本当に細かく、マニアックにやるべき所なんですよ。だから、僕はそれなりに神経使うしね、労力も使います。

「プチ整形」といってもそれは受ける側だけの話で、手術を行う医師にとっては決して気軽じゃないってことですね！　ミリ単位でデザインするんですね。

ところがね、これを「松竹梅」でやるところがあるの。大雑把に「狭め、普通、広め」の３種類しかない。

松竹梅？　全然めでたくないじゃないですか。１人ひとりに合わせて細かくデザインしてほしいです。

そうでしょう。それとね、埋没法しかできない先生っていうのがいるんですよ。ひたすら埋没だけをやっている……。

ひ～～、「埋没要員」みたいな……？　まあ埋没のスペシャリストと考えればそれも悪くないのでは？

さっき述べたように埋没が適応にならないケースもあるわけだから、その診断ができるかどうか。

そうか……。埋没しかできない先生は応用が利かないかも……。

埋没法はシンプルな方法だけど、シンプルがゆえに難しいというか、そもそもの診断ができてないと無理で、その上で知識としっかりした技術が必要な手術です。

＊眼瞼下垂：目を開いたときにまぶたが垂れ下がって、まぶたが邪魔をして視野が狭くなった状態。生まれつき見られる場合と、加齢により生じる場合がある。

埋没法には「タイムリミット」がある

あとネットなんかでよく聞くのは、埋没法をやったけど、何年かたつと取れて一重に戻ってしまうという話です。

埋没法は永続的なものではないんです。3年とか、5年とか、期限がある。中には20年以上持つ人もいるけど、まれなケースです。

埋没法はまぶたの皮膚で糸を留めるわけだから、年月とともにまぶたがだんだん緩んで伸びてくるとクセがつかなくなってしまうんです。

人間、一日に何十万回もまばたきをしているわけでしょう。そうするとその動きで、どうしてもまわりの組織が伸びていってしまうんですよ。

もちろん糸がほどけるケースもあります。細い糸だからね、そんなに長く持つわけではないんです。

でもみんな一度やれば半永久的に持つと思っていませんか？

僕は患者さんにはちゃんと説明していますよ。永久的なものではないですよって。だから何年かして、取れちゃったらまたやり直すとか、あるいは半永久的に二重にしたいなら切開法を選択した方がいいと思います。

埋没法って簡単にできて料金も安いけど、決して魔法の手術ではないんですね。

埋没法のやり方も主に2つあって、腱膜法（挙筋法）と瞼板《けんばん》法という方法があります。
　要するに糸を通す場所の違いなのですが、瞼板法は瞼板に縫い付ける方法で、腱膜法は瞼板の上にある上眼瞼挙筋《じょうがんけんきょきん》腱膜に縫い付ける方法です。瞼板というのは眼のふちにある固い板ですね。瞼板法はズバリ、やめた方がいいです。

なぜですか？

瞼板に針を刺すことで、角膜に傷をつけやすいから。当初はよくても何年かたって糸が緩んできたとき、糸が出てきちゃって、それがまばたきをするたびに角

図表2　腱膜法と瞼板法の違い

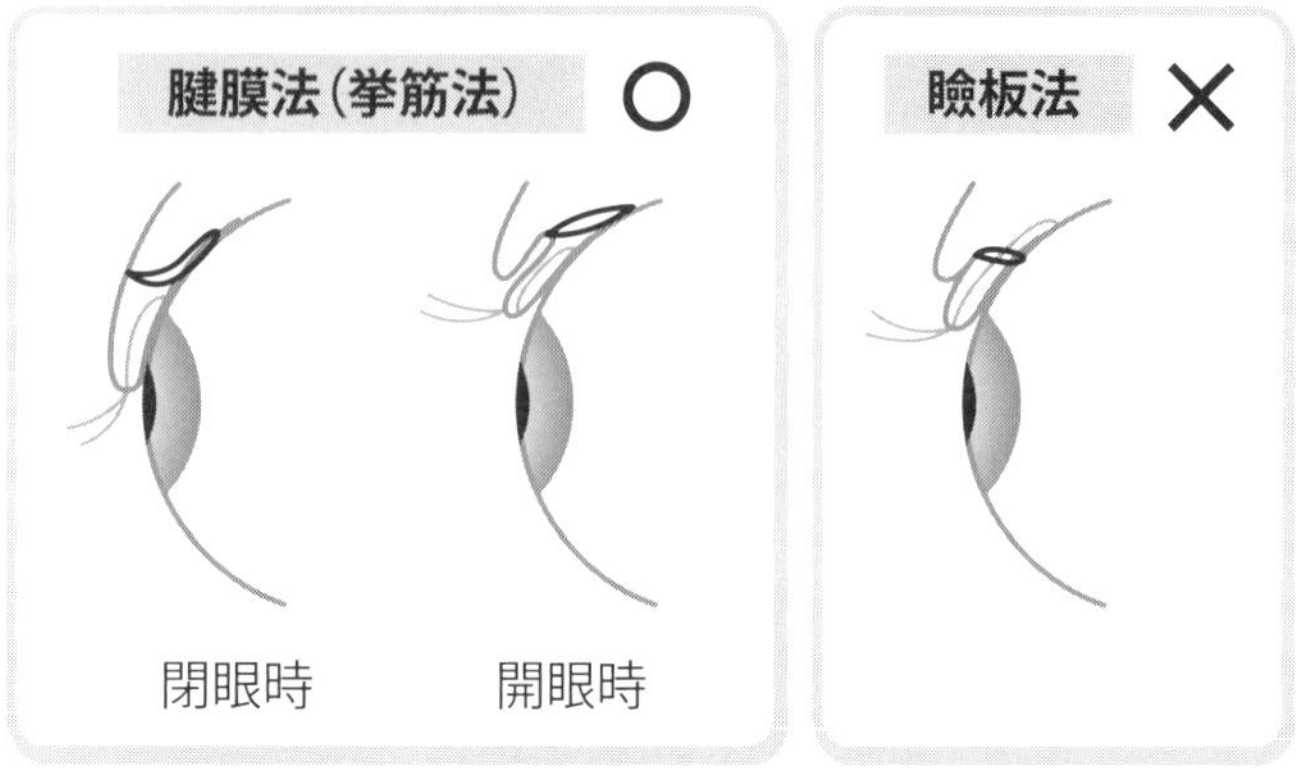

糸を結ぶ場所は、上眼瞼挙筋腱膜

糸を結ぶ場所は、瞼板

膜の表面をこすることになるんです。

　だからうちでは腱膜法しかしません。

他院で埋没法を行ってトラブルが起こったと言って駆け込んでくる患者さんは、僕の経験の限りでは、ほぼ100%の確率で瞼板法です。トラブルとは目がチカチカするとか、チクチクして痛いとかですね。

わかりました。イヤ〜〜、勉強になります！

顕微鏡を使った手術

二重の手術は肉眼で手術するところも多いのですが、うちは眼科手術用の顕微鏡を使って行うんです。これは最大17倍まで拡大できるんです。

顕微鏡を使うメリットはなんですか？

目ってすごく繊細で、細かい神経とか血管がいっぱいあるわけですよ。肉眼で手術してしまうと、神経や血管を切ってしまう可能性があるんです。

でも顕微鏡で拡大すれば、神経や血管をよけて切開できるんです。余計な傷を作らなくて済む。何より正確な手術ができるのがメリットですね。

特に埋没法では、一度皮膚に針を通し、その同じ針穴にもう一度針を通すやり方をします。針穴は毛穴みたいな細い穴だから、肉眼だとどうしても不正確になりがちです。そのときに顕微鏡があれば確実に同じ穴に通すことができます。あと当院ではCO_2レーザーを使っていて、出血が最小限で済みます。

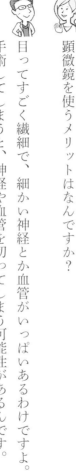

そんなにいい方法なら、眼科手術用の顕微鏡を取り入れたクリニックで手術したいですね。

これね、まだそんなに普及していないんです。白内障の手術などに使われるものだけど、美容外科で導入しているところは少ないと思います。
　うちの場合は顕微鏡も使うし、使う道具も指の血管や神経を結ぶときに使うような繊細な道具を使っています。マイクロサージャリーといって、細い血管や神経を縫合する手術なんですが、マイクロサージャリー用の道具だけで目の手術をしているんです。僕、大学病院にいたとき、マイクロサージャリーで切断した指をつないだりしていたから、得意なんです。

指をつなぐのってすごく難しいんでしょう。神経、血管を一個一個つなぐんですよね。１本に何時間もかかるって聞きましたよ！

僕は大体、１本１時間ぐらいでつなぎますけど。

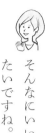

顕微鏡と CO_2 レーザー

すごいですね！　そういうのって、失礼かもしれませんが、センスとか、手先の器用さとかも必要じゃないですか。医師とはいえ、頭がいいというだけではどうにもならない部分というか……。

そういうのは得意ですね。でなきゃ、手術一本で生きていこうと思わないですね。

カッコイイ！　美容外科のブラック・ジャックみたい！

まあ、僕の話はおいといたとしても、形成外科で専門医まで修めた人は全員じゃないけど、そういう顕微鏡下の手術の経験があるはずなんですよね。

だから、比較的普通の内科出身の人や外科出身の人より、形成外科出身の医師が担当する方が、そういう細かいことをやるのに慣れている確率が高いですよ。

ほ〜〜、まずは形成外科出身の先生かどうか、要チェックですね。

目はマニアックな部分だといったけれど、経験豊富でレパートリーの広い先生だったら、ご自分の希望により近づけることができるということでもあるんです。

自分の希望通りにやってもらえる可能性が高いってことですね！

そうです。そのためにも、カウンセリングで質問するなどして、その先生がどんな実力を持っているか見極めないといけないんです。

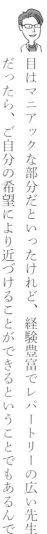

コラム：ドクター丸山の本音トーク

③豊富な経験を持つ医師だけが担当できる目の手術

当院では少なくとも1000症例以上の目のまわりの手術を経験した医師でなければ、目の手術の担当ができません。

私は2006年から、目のまわりの手術をライフワークとしており、医師を対象としたセミナー、学会発表や論文はもちろん教科書の分担執筆に至るまで眼瞼眼窩外科の教育、研究、治療に力を入れてきました。そこで培った技術と知識を美容外科診療に全力投入して治療にあたっています。

その結果、現在では都内の保険診療の眼科開業医や大学病院、ほかの美容外科からも当院へ紹介されて来院される方が多くいらっしゃいます。

コラム：ドクター丸山の本音トーク

④見学を断らない理由

当院は見学がすごく多いんです。見学希望があればよほどの事情がない限り、快く受け入れています。全国から毎月数人は見学があります。ご自分で美容外科を開業している先生もいらっしゃいます。

これは美容外科ではちょっと珍しいことかもしれません。一般的に美容外科の先生は自分の術式を見せたがらないからです。

でも私は全部教えます。手術のポイントやコツ、やってはいけないこと、自分のやっている工夫まで、すべてシェアします。

それは医学だからです。医学は専売特許ビジネスではない。

「医学の父」といわれるヒポクラテスは「ヒポクラテスの誓い」の中でこう言っています。

「この術を私に教えた人をわが親のごとく敬い、わが財をわかって、その必要あるとき助ける。その子孫を私自身の兄弟のごとくみて、彼らが学ぶことを欲すれば報酬なしにこの術を教える」

この精神がなければ医学は発展しません。たとえばある先生が20年かけて心臓カテーテルの画期的な手技を編み出したとします。それを「自分だけの専門技術だから」と門外不出の秘儀にしていたら、その先生の代だけで終わってしまって何の発展にもならない。

心臓カテーテルの画期的な技法を生み出したなら、それを後輩に伝えます。その後輩は、たとえばその先輩の先生が20年かけて習得したものを1年で習得するとします。そうしたら、その後輩はその先輩よりも19年早くスタートが切れる。医学の進歩はそこにあるわけです。

実際に私自身も多くの先輩の先生たちから教えてもらって、今があります。私が今も頼りにしている先輩の先生が何人かいるのですが、その中のある先生が長年かけてやっと習得した技を、私は助手をしながら見て覚えてしまったことがあります。

「丸山、お前は俺が30年もかかって習得した技を15分で覚えたな！」と口では文句を言っていたけれど、その先生、私の前で惜しげもなくその技術を披露してくれたんです。お前、この技を盗めと言わんばかりに（笑）。

「ありがとうございます！　今後はこの技を多用させてもらいます（笑）！」って言って、ありがたく使わせてもらっています。そういう世界なのです。

よく美容外科では「〇〇式」「〇〇オリジナルメソッド」を売り物にしているところがあります。もちろんブランディングという意味ではそれも大切なことだと思うけど、医学は公益性の高いものだから、自分だけで囲い込むのではなく「惜しみなく与える」べきだと思っています。

すばらしい技術があるのであれば、それができる人が増えていった方が、社会全体の得になるはずです。

もうひとつ私が全部教えるのは、その根底に、絶対的な自信があるから。技術を教えたからって負けるわけがないという自信があるから教えられるという面もあります。

第3章

脂肪吸引

脂肪吸引の基礎知識

施術内容

カニューレという吸引器具を使って気になる部位の皮下にある脂肪を吸引して、美しいボディラインを作る方法です。

当院では、日本の厚生労働省の薬事承認機器であるチューリップ社製のものとキッズメディカル社製の脂肪吸引器を採用していますが、基本的にはチューリップ社製品を使用したシリンジ法で脂肪吸引を行っています。

シリンジ法のメリットは血管を損傷するリスクが少なく、術後の痛みが少ないこと、小回りが利きやすいため、繊細なデザインが可能なことです。

シリンジ法は組織に優しく、体に無理がない反面、技術的には難しい方法といわれています。しかし、繊細にボディデザインをするのには最適です。

また、吸引した脂肪は後の章で述べる豊胸に利用することができます。

当院では次の部位の脂肪吸引が可能です。

・顔／腕／お腹・胸／背中／腰・お尻／太もも／ふくらはぎ・足首

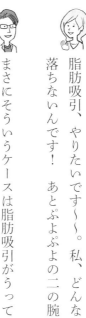

脂肪吸引で究極のボディメイク！

脂肪吸引、やりたいです〜〜。私、どんなにダイエットしてもお腹の肉が全然落ちないんです！　あとぷよぷよの二の腕！

まさにそういうケースは脂肪吸引がうってつけですよね。希望に沿ったボディデザインができますからね。

太ももも気になるんです。特に外側がバーンと張っているのが嫌で。スリムなデニムなんかはくとまっすぐじゃなくてヘンなカーブができる（笑）。脂肪吸引で細くしたいです〜〜。

脂肪吸引はね、患者さんが「ここが気になる」というところだけをやればいいわけではなくて、全体のバランスが大事なんですよ。

たとえば、ユリさんのように太ももの外側が気になる場合は、太ももの外側の張り出しだけに着目するのではなくて、お尻から太ももの後ろ側へつながるライン、腰からお尻を通って太ももの外側につながるライン、前から見たときに太もも外側から大腿前面につながるラインも大事なんです。

つまり、外もも、太ももの後ろ、お尻という隣り合った3つの部分にまたがるようにデザインして吸引するとスタイルがよくなるんです。

同様にたとえば、内股の脂肪が気になる場合は、太もも内側、大腿後面、膝の内側という隣り合った3ヵ所の吸引をするといいです。

気になるところだけ吸引すればいいのかと思っていました。

そうではないんですね。ですから、当院では希望があれば単品の脂肪吸引ももちろん行いますが、「セットメニュー」というものを初めから用意しているんです。

たとえば「くびれマックスセット」。これは上腹、下腹、ウエスト、腰と4ヵ所の脂肪を吸引するセットです。単品で4ヵ所を行うよりも安価な価格設定にしています。

図表3　太ももの外側が気になる場合のデザイン

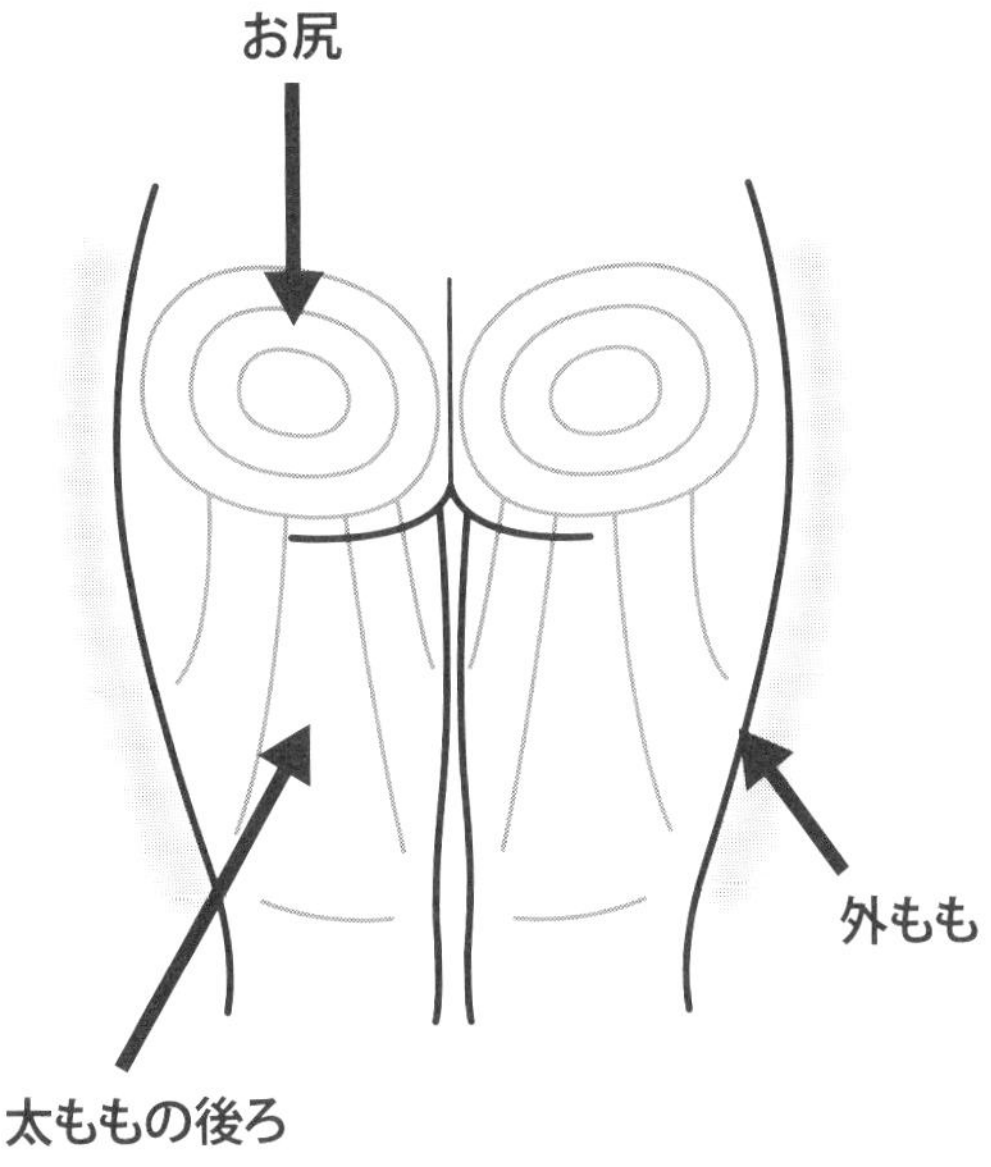

＊外もも、太ももの後ろ、お尻にまたがるようにデザインして脂肪を吸引すると、スタイルがよくなります。同心円の中心へ行くほど、多くの脂肪を吸引するようにします。

「くびれマックス」なんてめちゃめちゃ刺さるコピーですね〜〜。その4ヵ所を吸引することでウエストめっちゃが細くなるということですね？

その通りです。みなさん、「お腹まわりが気になる」と言うけれど、結局ウエストだけ吸引してもきれいなラインは出ないんです。お腹まわりだけぺこっとへこんでもきれいにならない。

細くなっても、「棒」みたいなボディになったんじゃイヤです。女子はくびれが欲しいんです！

そうでしょう。ウエストのくびれはどうしてくびれるのかということを考えたらわかると思いますが、ウエストをはさんで上下が出て、ウエストが谷になるからくびれるわけですよ。ボンキュッボンです。

それを均一に吸引してしまったら全部がへこんじゃってくびれはできませんよね。

そうか、デザインが大事ってことですね。

脂肪吸引の良し悪しは8割デザインだと考えます。だからいいボディデザインをするための必要最小限の組み合わせを最初からセットとして提案しているんです。

脂肪吸引は跡がデコボコになる？

脂肪吸引はすごくやりたいんだけど、取った後がデコボコになってしまったという話も聞きますよね。私、あれが怖くて……。

脂肪吸引ってね、結構テクニックが必要なんです。ハッキリ言って上手な人と下手な人の差がかなり出ます。

下手な先生に当たるとボコボコになっちゃうんだ……。で、丸山先生はどうな

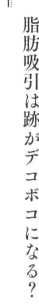

んですか（笑）？

この話の流れで言いづらいけど、僕はめっちゃ上手なんです（笑）。跡がきれいなのはもちろんですし、脂肪の少ない、やせている人からも取れます。次章で述べる、自己脂肪注入による「豊胸」の場合は、やせている方も脂肪吸引をしますから。

上手というのは何が違うのですか？

脂肪は皮膚の下の脂肪層にカニューレを刺して吸引するのですが、そこにピンポイントで正確に刺してまんべんなく取るのがコツなんです。

デコボコになってしまう原因は？

脂肪は大まかに深い脂肪と浅い脂肪に分かれているんです。深い脂肪は粒が大きく筋肉に近い部分にあります。浅い脂肪は粒が小さく、皮膚に近いところに

あります。この浅い脂肪を取り過ぎてしまうと手術後の仕上がりがボコボコになるんです。

あるいは脂肪のある層にジャストで刺せなかったり、1ヵ所から取りすぎたりするのもボコボコになる原因です。

吸引の技術ということですね。技術が未熟だとデコボコになりやすいと。

浅いところも深いところも根こそぎ取ってしまうクリニックがあるんですよね……。また、浅い脂肪を取りすぎると皮膚の色素沈着の原因になります。つまり、脂肪吸引後に皮膚が茶色っぽくなってしまうんですね。それと根こそぎ取ってしまうときれいなラインも出せないんです。

「根こそぎ吸引」怖い……。

脂肪を吸引すればいいというものでは決してないんですよ。取るべき脂肪はしっかり取るけど、手術後の皮膚の質感をよくするためにも浅い脂肪は必要量

残すことが大切なんですね。

憧れの小顔が作れる顔の脂肪吸引

次は顔の脂肪吸引です。顔の脂肪は小顔目的ですか？

そう、小顔とアンチエイジング目的ですね。二重あご解消とかね。うちは顔の脂肪吸引は多いですよ。僕、輪郭系が得意なんで。

小顔、永遠の憧れです〜〜。

顔はちゃんと細くするには、それこそ「ここ」というピンポイントで脂肪を正確に吸ってこないと細くならないんです。あと、輪郭をいじるときは診断がすごく大事です。

たとえば「脂肪吸引で小顔になりたい」という要望があったとしても、脂肪吸引だけでは希望通りの仕上がりにならない場合があるんです。

たとえば脂肪吸引にプラスして、咬筋（かむ筋肉）のボトックスも必要だとか。場合によっては骨も切らないと理想のところまでいかないという場合もあります。

ふーむ、私を含めて「大きい顔」で悩んでいる人は多いけど、原因がいろいろあるんですね。

そこをいじったらちゃんと効果が出るか出ないかを見極めないといけない。うちの場合は超音波の診断装置があるので、診断に困ったときは超音波で見ます。どこまでが脂肪でどこからが骨だとか、筋肉がどれくらい発達しているかなど、正確にわかりますから。

なるほど、超音波の機器があるかということもクリニック選びのひとつのポイントですね。

そうですね。脂肪吸引、豊胸をやるのであれば超音波の診断装置は、僕は必須だと思います。あとね、触診をちゃんとすること。

ん？　触診をしない先生っているんですか？

いますよ。でも触診でこのぐらい脂肪あるとか、骨は左右がどうなんだろうとか、触らないとわからないこともいっぱいありますから。

触診を面倒くさがってしないところは、いい仕上がりができるとは思えないですね。

もちろんそうですよ。あとうちは、他院でやったけどあまり変わらなかったとか、跡がボコボコになってしまったという患者さんがよく来るんですよ。

そういう人たちを見てびっくりするのは、なんというか、センスを疑う場所に穴を開けている先生がいるんです。

穴というのはカニューレを入れるための穴ですか？

そうです。普通、お腹にしても太ももにしても、できるだけ目立たないところ、しわに隠せるような場所に開けるんです。

ところが、その原則を守らない医師がいるんですね。お腹なんか「これは腹腔鏡の手術した痕ですか？」と聞きたくなるようなところに開けていたり……。

美容外科手術なのだから、当然、目立たないところに開けてくれるだろうと、私たち患者は思い込んでいますよね。そんなことがあるのなら、ちゃんと「どこを開けますか？」と事前に確認しないといけないですね。

常識が通用しないというか、いろんなところがあるもんです……。

そんな目立つところに穴をあけるクリニックには絶対当たりたくないです。女性にとって脂肪吸引は、憧れのボディを手に入れることのできる、夢の方法な

んですから。

脂肪吸引はね、みなさん喜んでくれますよ。まあ、どの手術もみなさん喜んでくれますけど（笑）。

あとね、脂肪吸引をしたことによって、運動に目覚めた方も実際にいらっしゃいますよ。お腹まわりの脂肪がジャマで運動しづらかったのが、しやすくなったと言って。

脂肪吸引はダイエットにはならないけれど、脂肪吸引の手術をきっかけに健康的な生活習慣に変えてくださったのなら、とてもうれしいですね。

コラム：ドクター丸山の本音トーク

⑤目指すは「最強の医師集団」

見学希望は断らず、手術を含め、すべての技術を伝授していると述べましたが、それは、「人の為ならず」、つまり自分に返ってくる側面もあるのです。

そういうことをすることで、「あそこの先生は技術がある」「ちゃんと教えてくれる」という評判がたつと、「当院で働きたい」という人が集まってくるのです。

なんだかんだ言っても医者の世界は広いようで狭いです。どこの誰なのか、学会で見ればわかりますし。だから評判というのはとても大事です。

「あそこはいい医療を提供するクリニックだ」という情報が医師の間に広まれば、それだけいい人材が集まりやすくなります。

先にも述べたようにうちでは手術する医師は、形成外科の専門医、あるいは何かの分野の専門医を持っている人を限定にしています。

そうやっていくと、うちは手術がメインですが、手術のプロ中のプロが集まってきて、さらにいい医療が展開できる。

当院の医療法人の名前は「形星会」といいます。形成外科の「形」に「星」、スターです。「形成外科の星になろう」という意味を込めてこの名前を付けたんです。形成外科の星になりたいという人に集まってほしいから。

そういう「最強医師集団」を形成するのが当面の私の目標です。2019年6月現在、形成外科専門医6名が在籍するグループになっており、もうかなりのところまで達成できていると思っています。

コラム：ドクター丸山の本音トーク

⑥脂肪吸引が上手な医師はややマッチョ？

あくまでも私の経験からの印象ですが、脂肪吸引が上手な医師には、身体的な特徴があるように思えます。

それは、身長が175～180センチで、ややマッチョな体格の医師。なぜなら、そのくらいの体格が一番脂肪吸引しやすいからです。身長があまり高くないと台に乗らないと手術がやりづらいですし、逆に高すぎるとかがむことになります。

手術は体力と持久力が必要です。ですので、脂肪吸引を行う医師は、このくらいの体型の人が生き残り、うまくなっていると思います。

夢のボンキュッボン

先生、どうしてもお腹と太ももがやせないんです！脂肪吸引で私をナイスバディにして！
！
お任せください！そういうときこそ脂肪吸引の出番です！
人生が変わりました！
うれしい！
ボーンッ
キュッ
ボンッ
半年後
先生～、油断して食べ過ぎました。脂肪吸引して～～（泣）
プニ
ええ～、それ一番ダメなやつ！
トホホ

第4章

豊胸

豊胸の基礎知識

施術内容

豊胸には脂肪注入、シリコンバッグ、ヒアルロン酸注入の3種類があります。

・脂肪注入

ご自身の脂肪を吸引して胸に注入します。1回の施術で0・5から1カップ、まれに2カップまでの豊胸が可能です。脂肪を吸引した部分は部分痩せしますから一石二鳥です。

脂肪注入は、ご自身の脂肪を使うことから異物反応のリスクがないこと、また外観や触感がとても自然なことから大変人気があります。当院では「バレない豊胸」というメニューが大変人気です。これは少しずつ段階的に大きくしていく方法です。

また吸引した脂肪を遠心分離器にかけて純粋な脂肪を取り出し、注入する「コンデンスリッチファット（CRF）」もあります。CRFは生着率が20％アップします。

・シリコンバッグ

シリコンバッグは2カップ以上の豊胸を1回の手術で確実に行いたい場合に有効な方法です。当院では、スムースラウンド、テクスチャードアナトミカルなど、さまざまなバッグをご用意できます。

豊胸の目的や、作りたい理想の形は人それぞれ異なりますから、ニーズに合った豊胸を行います。

・ヒアルロン酸

ヒアルロン酸を注入する方法です。施術も短時間ですし、手術後の痛みも少なくダウンタイムは一番短いです。注入されたヒアルロン酸は1年くらいかけてゆっくりと吸収されてゆきます。

豊胸施術、どれがおすすめ？

私もあまり胸がないので、豊胸にはとても興味があります！　脂肪注入、シリコン、ヒアルロン酸と3種類の方法があるということですが、どの方法が一番人気ですか？

うちは脂肪注入の豊胸が多いです。お腹やお尻などから脂肪を吸引して、胸に注入します。これだと自然にボリュームアップします。

自己脂肪は安全性が高くて安心だし、自然でいいですよね。

自分の脂肪を使いますから、アレルギーなどの反応もありません。また、脂肪を取った場所は部分痩せできますから一石二鳥ですね。たとえば、お尻や太ものまわりをほっそりさせて、バストアップさせるとかね。

でも自己脂肪注入法は、入れた脂肪が全部そのまま残るわけではなくて、吸収されてしまうというデメリットがあるんですよね。どれだけ落ちちゃうのかが心配です。

一定量はどうしても吸収されるので、最初からそれを考慮に入れて注入します。大体、1週間から1ヵ月の間に1割ぐらいボリュームが落ちて、ほぼ、その状態で固定します。一般的には3ヵ月といわれるけれど、僕の見ている限りではだいたい1ヵ月で決まりますね。それでもまあ3ヵ月は見てもらって、3ヵ月経過したときの大きさが、その後、極端に痩せない限りは持続します。

　あと当院では脂肪の定着率を上げるため、「コンデンスリッチファット」というメニューがあります。コンデンスとは「濃縮」という意味です。吸引した脂肪を加重遠心分離という方法を用いて注入に用いるための「純粋な脂肪」の部分と、注入には用いたくない破壊された細胞膜、細胞間や脂肪組織間の繊維成分、血球成分（血液）、生きの悪い細胞や死活細胞などを分けるんですね。

　不純物を取り除いて濃縮した脂肪は、通常の脂肪よりも生着率が20％アップします。

脂肪注入以外の、シリコンバッグとヒアルロン酸については？

シリコンバッグは2カップ以上の豊胸を1回の手術で確実に行いたい場合に有効な方法です。脂肪注入では2カップ以上のボリュームアップはなかなか難かしいですから。「どうしても2カップ以上、バストアップしたい」という人にはシリコンバッグです。

あるいはかなり左右のバストが離れちゃっていて、真ん中に寄せたいという場合もやっぱりシリコンでないと難しいです。

バッグもさまざまなものがあって、豊胸の目的や作りたい理想の形は人それぞれ異なりますが、ニーズに合ったものを使います。

ただね、シリコンは大幅に豊胸できるメリットはあるけれど、年取ったときに形が保てないことがあります。年齢とともにどうしても胸が垂れるじゃないですか。その際にシリコンを入れた部分だけは垂れないから、二段胸みたいになっちゃったり。

そうなっちゃったらどうすればいいんですか？

シリコンを抜く人もいるし、入れ替えたりする人もいます。手術をするならば、そうした可能性もちゃんと認識した上で行いましょうということですね。

シリコンの安全性はどうなんですか？

非常にまれなケースではありますが、シリコンが原因で悪性リンパ腫になるという報告があります。ただ、今まで日本では症例が報告されていなくて「民族的なものもあるのでは？」といわれていたのですが、つい最近、一例が報告されました。

う～～ん？　リスクなのか大丈夫なのか、なんだかビミョーですね。

そうですね、安全性ということでいえば自分の脂肪が一番高いです。ただ、脂肪注入を数回行ったあと、やっぱりもっとボリュームが欲しいという人はシリ

コンを入れるケースもあります。

シリコンにはそういうリスクもあると知った上で、後は自分の判断ですね。

次はヒアルロン酸注入による豊胸についておうかがいします。ヒアルロン酸は顔のしわ取りに使うのと同じものですか？

そうです。ヒアルロン酸は注射だから非常に手軽な豊胸術です。施術も短時間ですし、手術後の痛みも少なくダウンタイム*は一番短いです。注入されたヒアルロン酸は1年くらいかけてゆっくりと吸収されていきます。

ただ、豊胸にはヒアルロン酸はあんまりおすすめしていないです。これは当院というより、日本美容外科学会の方針でもあります。

というのはトラブルが報告されているんですね。しこりになって硬くなるとか、石灰化するといった……。ヒアルロン酸は期限も限定的ですしね。

うちでもこの間、とあるグラビアアイドルで、数日後にどうしても撮影があるという方が来て、その方には施術しましたけど、そうした緊急性がない限りは積極的にはおすすめしませんね。

クリニック選びのコツ

豊胸もクリニック選びのコツみたいなのはありますか？

脂肪注入による豊胸なのですが、クリニックによって必要以上に脂肪を取って、必要以上に胸に入れようとするところがあるんです。僕はそういうのは絶対イヤなんですよ。

お腹の脂肪なんかできるだけ多く取ってほしいですけど（笑）。

人によってはお腹もお尻もあまり脂肪がない人がいます。そうすると、吸引する箇所を1ヵ所じゃなくて複数のところから取るんです。

そうか、やせていて、バストアップしたいという人も多いですよね。自分の、たっぷり脂肪のついたお腹のことしか考えられなくて（笑）。

太もも、背中、お腹といろんなところから取るということは、それだけ患者さんの負担が大きくなるわけですよ。ダウンタイム*に時間がかかるし、アザ、痛みも我慢しないといけない。もちろんお金もかかるでしょう。

患者さんが特に望んでいないのにそうやってうまく話を持っていくんですよ。「あなたはやせているから５ヵ所ぐらいから取らないとダメですよ」とか言って。やせている人から無理に３００ccも取ろうとするんです。やせている人の３００ccは負担ですよ。

そんなクリニック、行きたくないです（怒）！

そうでしょう。「豊胸をしたいんです」って言ってクリニックに行って、「あなたは１ヵ所からではダメだから、あっちからもこっちからも脂肪吸引して、合計３００cc取ってそれを入れましょう」なんていうところはやめたらいいんですよ。

そんなあっちもこっちも取らないと豊胸ができないようなお医者さんは、脂肪

吸引が下手な証拠だと（笑）。あるいは脂肪吸引をすすめて儲けようとしているかもしれないってことですね。

それとね、ここが問題なんだけど、注入する場合も問題があって、３００ccも入れたら、大きくはなるけれど、しこりになる元なんですよ。

あ、そうだ、脂肪注入による豊胸はしこりになるリスクがあるんですね。ネットでも脂肪注入で豊胸したら、しこりになったと嘆いている人を見かけます。

それはね、いっぺんに３００ccも入れるからそうなるんです。注入するなら１回にマックス２００ccですよ。そうしたらまずしこりにはなりませんよ。

目一杯、３００ccを入れちゃったら、結構な確率でしこりになりますよ。僕の見たところでは5人に1人ぐらいの割合でなります。

「しこりにならないようにマッサージをしましょう」と言いますよね？　マッサージをすればしこりを回避できますか？

マッサージをすれば多少は効果があるかもしれないけど、確実ではないです。しこりは1回できちゃうとずっとそのまま残るんです。

しこりって具体的にどんな感じになるのですか？

卵大のやつとか、ゴルフボール大ぐらいのとか、触ったらコロコロしているからわかります。やせている人なんか、ポコンと出ちゃって見た目にわかったりしますよ。

負担が少ない「バレない豊胸」

こちらでは段階的にバストアップしていく「バレない豊胸」が人気とうかがいましたが。それは今の話を踏まえて、安全性も考えた手術なんですね。
しかし「バレない豊胸」って、わりと思い切ったネーミングですね。

僕が考えました（笑）。ちょっと過激かなと思ったけど、一発で趣旨をわかってもらえるのはこれしかないと思って。
バレないといっても、絶対バレないということではなく、正確には「バレにくい」ということですけどね。

前に会社の先輩が豊胸したんですけど、もうバレバレだったんですよ。でも本人は「胸が大きくなった？　そうかしら〜？」とか言って絶対に認めないの（笑）。やっぱり1回で大きくなるより、何回かに分けて段階的に大きくしていった方がいいですよね。人に何か言われても「ちょっとブラで盛ってみたの♪」

とか言い張れるし（笑）。

そうなんです。女性心理を考えると絶対そっちの方がいいでしょう。

大事ですよね、「バレない豊胸」もまず脂肪吸引をするのは同じですよね？

そうです。患者さんには太ももの外側とか、内側とか、気になる所を1ヵ所指示してもらって、そこを中心に取ります。脂肪吸引する箇所が少ないから、その分負担が少ないんです。本当に脂肪を胸に必要な脂肪だけしか取らないから、使い切りで、破棄する脂肪もないし。

それはいいですね！　吸引、注入となると結構時間がかかりそうですが、手術時間はどのぐらいですか？

うちは吸引、注入で合わせて30分ぐらいで終わります。これね、さっき述べたように、5ヵ所からがっつり脂肪を取るなんてことにすると、吸引だけで2〜

３時間もかかったりするんです。そんなの大変でしょう。患者さんはもちろんだけど、やる方もしんどい。

３時間も吸引されるなんて大手術ですよ。フルマラソン走るみたいな（笑）。先生のところは高度なテクニックがあるから30分でできるんですね。手術時間がどのぐらいかかるかということもクリニックを見極めるひとつのポイントですね。

うちの「バレない豊胸」はリーズナブルな価格設定なんですが、それはなぜかというと手術時間が短いから、高額な設定をする必要がないんです。普通、脂肪を注入する豊胸って１００万円越えが当たり前だけど、うちの場合は麻酔代入れても30万程度で終わるわけですよ。

それすごいです。１回が30万円なら、もうちょっとバストアップしたいという場合は、またお金を貯めて翌年やるとか、無理なくバストアップできますよね。次のボーナスが出たらやろうとか。もちろん１回で満足する人もいるでしょう

し。

まさにそれです。お財布にも優しいし、体にとっても少しずつ大きくしていった方が絶対いいです。

それとね、ここが大事なのですが「バレない豊胸」は定着率がいいです。同じ量を入れるにしても、1回で入れるより3回に分けて入れた方が絶対に定着率に差が出ます。

それ大事ですね！

＊ダウンタイム：腫れ、むくみ、内出血、痛みなどが生じる期間。バレない豊胸では1〜2週間です。

バレない豊胸はこんな人におすすめ！

1　定着率をよくしたい
2　しこりの合併症を少なくしたい
3　体への負担を少なくしたい
4　適正価格な豊胸術をしたい
5　ダウンタイムの短い豊胸術をしたい

〈デメリット〉

1　1回で大きくできる量が少ない0・5から1カップ
2　何回か手術しないといけない
3　ダウンタイム＊を何度か経験する

「デコルテ盛り」できれいな形のバストを作る

それからね、豊胸というと、何カップ上げるとか、みなさんカップにこだわるんですが、バストは実は「形」が大事なんですよ。

あ〜、それわかるかも。うちの母なんか、サイズ的にはDカップなんですよ。でも垂れ気味で、バストの上半分がえぐれたようになっているから、全然Dカップに見えないんです（笑）。まあ年齢的にしょうがないと思うけど。

そういう人はね、「デコルテ盛り」といって、バストの上半分の部分に脂肪を入れるんです。そうするとカップはたとえ変わらなくても、バストがぐっと盛られて大きく見えるんです。

「デコルテ盛り」！　いいですね〜〜、めっちゃ魅力的な言葉（笑）。なんでもかんでもDカップにすればいいってもんじゃないんですね！

そうなんですよ。もちろんまんべんなく入れるというのも、ひとつの考え方なんだけど、僕の場合は「この人はデコルテのここに盛る」とか「わきに盛る」とかね、メリハリをつけて、繊細な形を作るんです。

「わきに盛る」というのはどういうことですか？

僕は「わき乳」と呼んでいるんですが、わきの部分をしっかり盛ってあげることで、前から見ても斜めから見ても、バストのボリューム感が強調されるんです。

胸郭といって、胸の骨格のラインがあるんですが、乳房を胸郭のフチからはみ出させると、バストの存在が際立つでしょう。

あー、なるほど！　これって全女子がもれなく憧れる不二子バストです！

そうしたらたとえ入れる脂肪が同じ200ccだとしても、それ以上の効果が出せるわけです。実際には1カップ上がっていなくても1カップ上がっているよ

図表４　「わき乳」を盛ってボリュームある美乳に

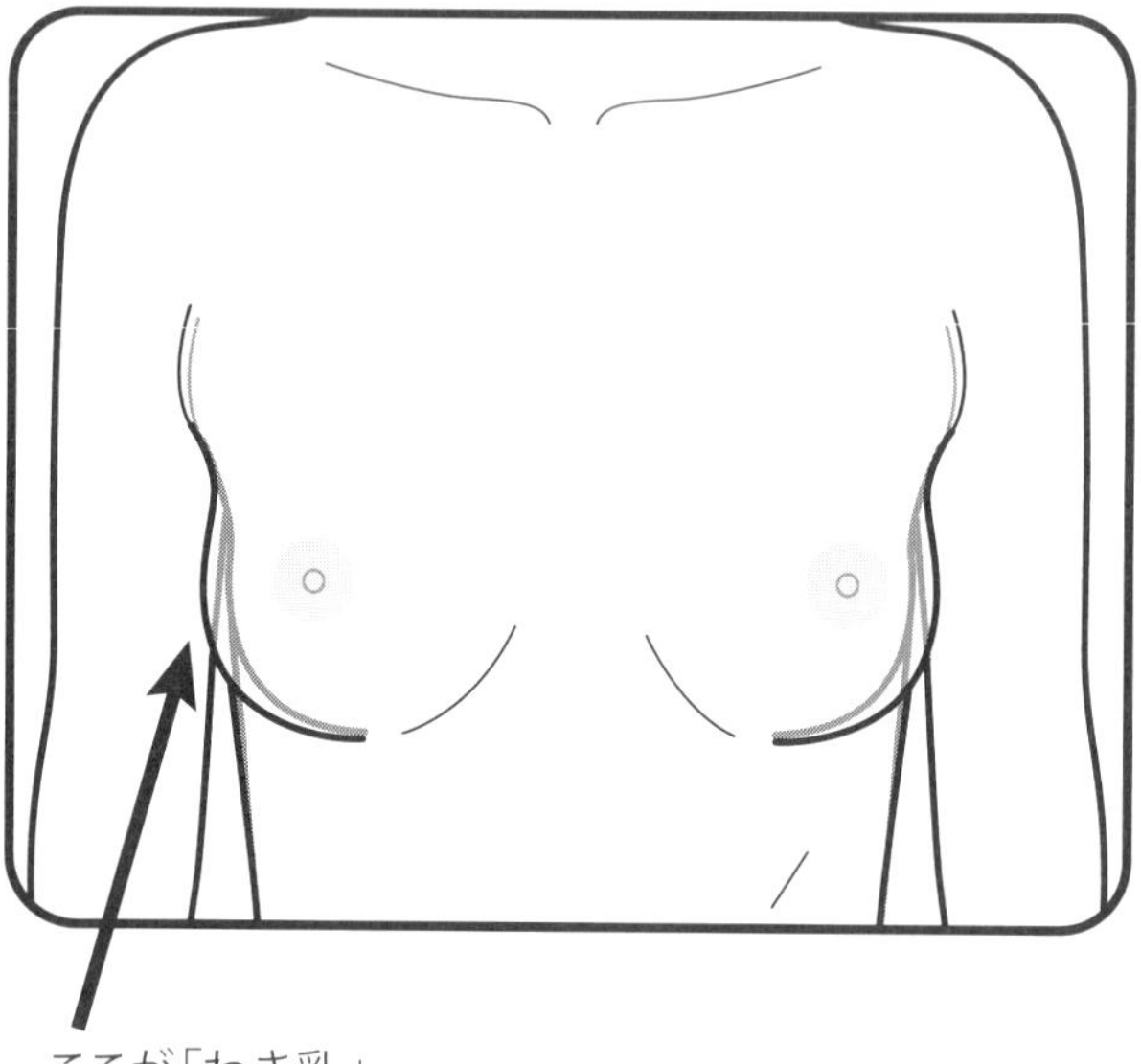

＊「わき乳」とは、医学的にいうと乳腺よりも外側の皮下で、後ろは中腋窩線くらいまでの前鋸筋よりも少し浅いエリアのことです。ここをしっかり盛ってあげると、前から見たときも斜めから見たときも乳房のボリューム感が出ます。

うに見えるというね。「サイズアップ」も大事だけども「サイズアップ感」を出すことの方がもっと大事だと思うんですね。

その通りですね。丸山先生って「美乳作り職人」ですね！

たとえ小振りな胸でも、デコルテにハリがあってふんわりした仕上がりだと、人に美乳という印象を与えるでしょう。これが当院の「バレない豊胸」の神髄です。

バレたくないの

先生、バレない豊胸があるなら
バレない二重、バレない小顔、バレない鼻を高くする手術をお願いします！
お願いします お願いします お願いします お願いします…！
う〜ん
わかりました！
患者さんのニーズに応えるのが僕のミッションですから！
ファサ
できました〜〜！これで誰にもバレません!!
これじゃあ、私だとわかってもらえません！（泣）

第5章

輪郭形成

輪郭形成の基礎知識

施術内容

輪郭形成はエラが張っている、あごがしゃくれている、あごが長い、出っ歯、ほお骨が張っているなどの悩みを解消する方法です。小顔になりたい、女性らしいラインの顔になりたいといった要望にも応えることができます。

輪郭形成のための方法は、骨切り、骨削り、脂肪吸引など、根本から輪郭を変化させる手術から、脂肪溶解注射やボトックス注射のような小顔注射まで、さまざまな方法があります。

では、部位ごとにご説明しましょう。

【あご】

・下あご骨切り

前歯から数えて4番目の歯を抜歯し、できた歯1本分のスペースの骨を切り、下あごの前歯の並び全体を後ろに下げます（P132参照）。

・上下あご骨切り

口元がこんもりと前に出てしまっているタイプの方に最適な治療法です。上あご骨切りと下あご骨切りを同時に行います。

・中抜き

長いあごを短くする方法です。ちょうどダルマ落としのように骨を切って一段詰めます

・オトガイ形成

しゃくれてしまったあごを引っ込めたり、反対にあごがない場合に前に出したりする方法です。

【エラ】

・エラの骨切り

奥歯の横からエラの骨を切ります。骨が厚い場合は薄く削ることで、下あごのボリューム感がなくなり、小顔になります。場合によっては下唇の裏側からも骨を切ってエラとつなげることで、さらにほっそりとしたフェイスラインになります。これを「Ｖライン形成」といいます（Ｐ１３３参照）。

・咬筋切除

エラのところにある噛みしめるための筋肉・咬筋が発達していると、エラが目立ちます。エラ削りの手術をするときに一緒にこの筋肉を切除すると、エラがさらにほっそりとします。

【ほお骨】

ほお骨が張りすぎている方や、顔の横幅が広い方におすすめの方法です。ほお骨の骨切り手術をすることで、女性の場合は、優しい雰囲気の女性らしい印象になり、男性の場合は涼しげで爽やかな印象を与える顔つきになります。

ほお骨が張っている方の多くは、エラも張っている場合が多いので、合わせて行うとさらに小顔効果が高くなります。

【小顔注射】

脂肪溶解注射を用いて小顔を作る施術です。脂肪や、脂肪によるたるみが気になる箇所に注入することで、脂肪を溶かし、顔を引き締めます。

輪郭形成はこんな人におすすめ！

1　反対咬合や出っ歯に悩んでいる
2　あごがしゃくれている（受け口）
3　歯列矯正をしなくても受け口や出っ歯を治したい
4　短期間で輪郭を治したい
5　ほお骨やエラが張っている
6　女性らしい顔になりたい
7　小顔になりたい

図表5　下あご骨切り

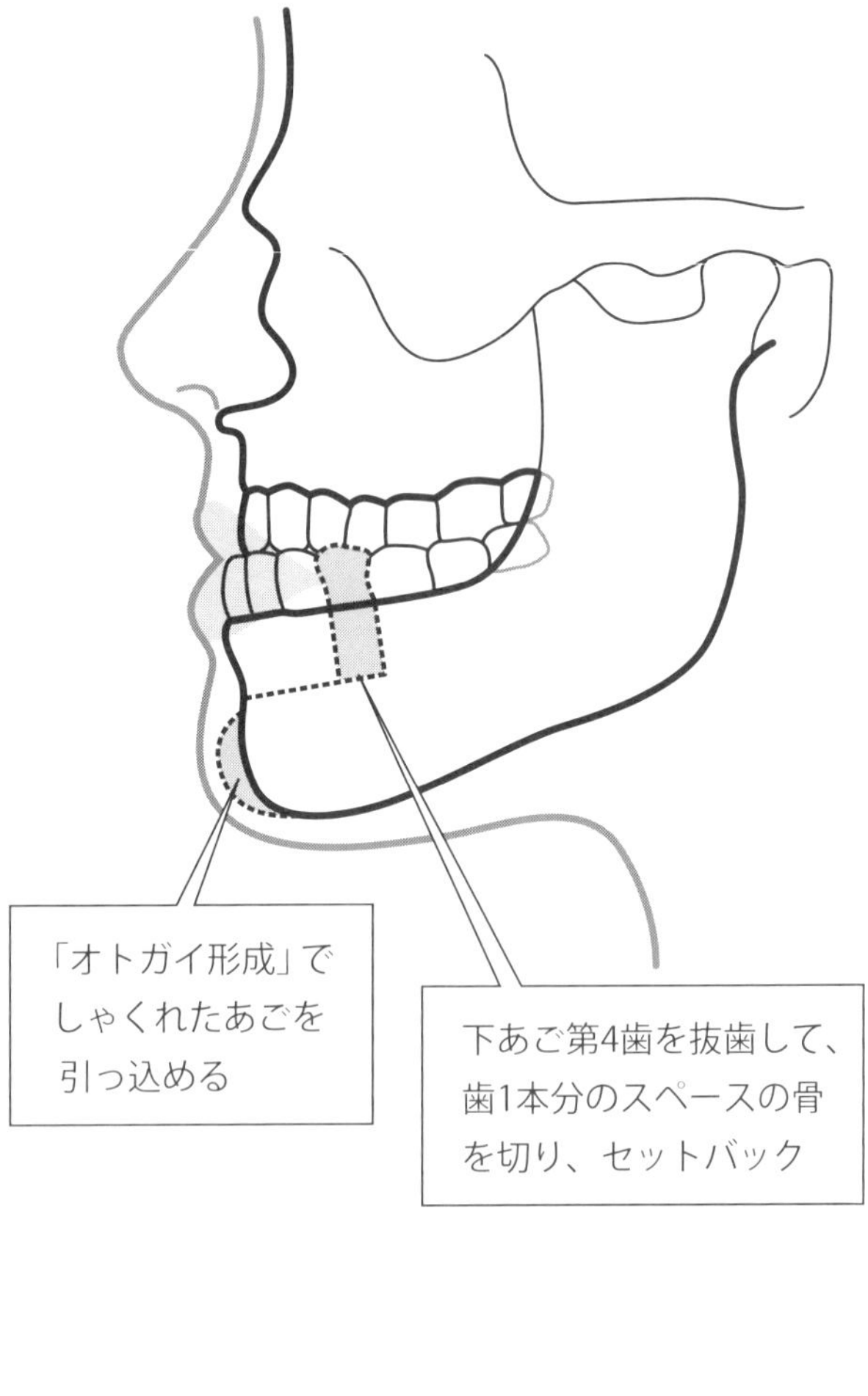

「オトガイ形成」で
しゃくれたあごを
引っ込める
下あご第4歯を抜歯して、
歯1本分のスペースの骨
を切り、セットバック

図表6　エラの骨切りとVライン形成

＊エラとは下顎角部のことです。角部の骨が大きく体部の骨も厚い場合、エラに加えてあご先までの骨も切ります。
これを「Vライン形成」といいます。

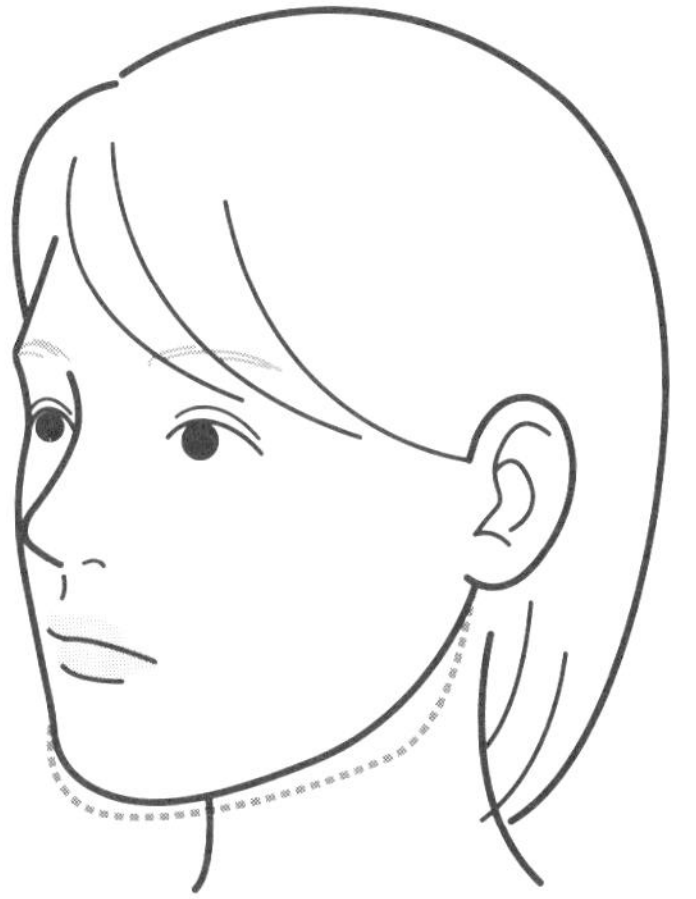

エラの骨切りとVライン形成の違い

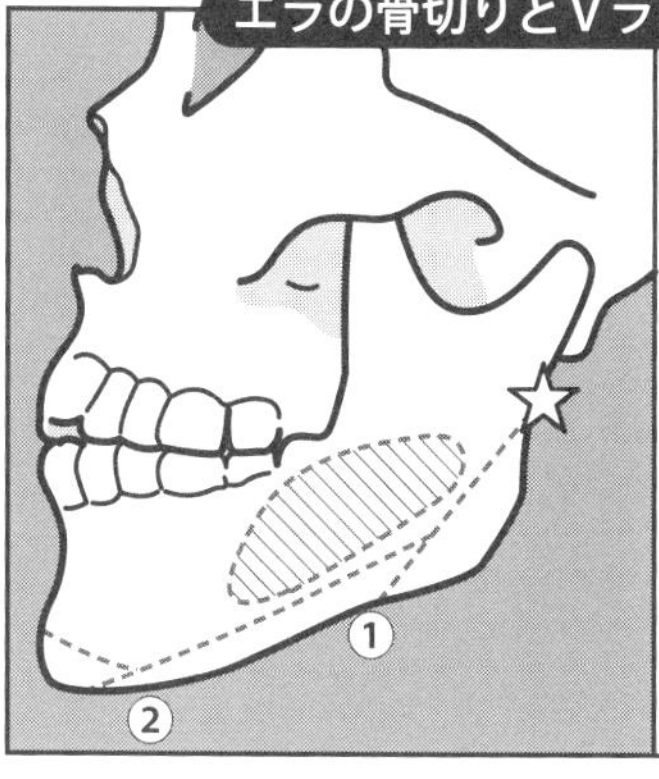

- エラの骨切りは☆印から①までを切る
- Vライン形成は☆印から②まで切り、さらに斜線部分を薄く削る

輪郭形成こそクリニック選びが重要！

輪郭形成ではあごやエラの骨を切ることでフェイスラインを変えちゃうことができるんですね。まさに私のやりたい手術です。
出っ歯とか受け口とか、エラが張っているとか、輪郭って、顔の悩みの中でも結構深いと思うんです。子どもの頃、それでからかわれて傷ついたという人も多いと思うし。それが解消できたら人生が変わりますよね。

骨を切ることで輪郭が激変しますよ。別人ですか？　というぐらい変わるケースもありますよ。

ただ、「骨を切る」というと、ちょっと言葉のインパクトが強すぎて……、大手術なんじゃないかとか、術後が大変なんじゃないかとか思ってしまうのですが……。

たとえばね、いわゆる出っ歯の人で、下あごを切る場合、手術時間は30分から40分で、術後は軽い腫れが3日ぐらい、むくみは7日ぐらいで治まります。

あら、そう聞くと、そんな恐れるような手術ではないんですね。

僕、この手術、得意というか、慣れていますから。たぶん、骨切りの年間執刀件数でいったら、日本で一番多い医師の1人なんじゃないかな。だから手術時間も短いんです。

手術時間が短いから腫れが少ないし、術後の回復も早いんですね。

それと麻酔の技術もありますね。麻酔のやり方によっても術後の腫れが全然違います。

術後どういう状態になるか 3D画像で見ることができる

それにしても輪郭を変えるというのはかなりデリケートな手術ですよね？

あごの場合は噛み合わせを考慮した治療をしないといけないですからね。

だから診断と治療の計画がすごく大事なんですよ。うちでは事前に精密なCT検査をして詳細に骨を計測し、さらに3Dシミュレーターで患者さんの実寸大モデル用のデータを作ります。実際の骨のモデルを作成して、どのラインで切ったら最適なのか、どこを削ったら効果的なのか、ビジュアルで見て理解してもらいます。

噛み合わせも咬合モデルを作成します。術前の噛み合わせの問題点を検討して、さらに手術後の噛み合わせもシミュレーションできます。

ほ～～、3D画像で「こうなります」というのを見せてもらえたらすごくわかりやすいし、安心ですね！

骨のどこが問題なのか、どのような手術をすれば解決できるのか、目で見て理解してもらうって大事だと思うんです。イメージもわくでしょう。

ほお骨を切ったらこういうふうになるとか、エラを切ったらこうなりますよとか、一目瞭然でしょう。

すごい！　ビフォー・アフターがカウンセリングの段階でわかるんですね。

患者さんとイメージのすり合わせができるから、満足度が高い手術ができます。

それとね、手術する側にとっても、モデルでシミュレーションすることで、実際の手術の精度をさらに向上させることができるんです。

だから当院には、あごの骨が極端にいびつな場合や、左右の差が大きいとか、極度のあごの変形の方とか、結構難易度の高い患者さんも多くいらっしゃるんですけど、みなさん満足してくれていますよ。外見だけでなく、噛み合わせとか歯並びといった機能的な改善にも力を入れていますから。

それって歯科の領域では？　失礼ながら、丸山先生はなんでそこまでわかるん

ですか？

大学病院のときに口腔外科の先生について教えてもらいました。あごの手術をするなら、審美的なことはもちろんだけど、「機能」を理解していないと絶対にできないから。

たとえば「これは手術だけでは対応できなくて、矯正治療が必要」などといったように、歯科の診断ができるんです。もちろん、治療まではできませんから、その場合は、同じビルに矯正治療をしてくれる歯科の先生がいるので、そこと提携しています。

すごいなぁ。そこまでやるという熱意がすごいです。突き抜けています！

いやいや、僕、手術オタクなんで（笑）。

骨を切る2つの方法、どっちがよい？

骨を切って上下のあごをセットバックする方法ですけど、4番の歯を抜いて、前の部分を縮めるんですよね？

セットバックの場合、骨の切り方は、前歯で切るパターンと奥歯の方で切るパターンがあって、当院ではP132で説明しているように、歯を抜いて（4番目の歯を抜歯）前の部分を切る方法でやります。

奥歯のほうで切る手術をSSRO（下顎枝矢状分割法）といいます。SSROが適応になる場合もあるんだけど、これは審美的にあまり効果があるように思えないのと、歯並びが変わってしまうから僕はあまりすすめてないです。

SSROも大学病院にいるときはやっていましたけどね。口唇口蓋裂の患者さんは上あごが発達しなくて、下あごが出ているんですね。だから上あごを前に出して下あごを下げるSSROとかルフォーという手術が必要なんです。

歯並びが変わっちゃったら、噛み合わせが変わって矯正しなければいけないのでは？

そうなる場合もあります。歯全体を引っ込める場合は奥歯の噛み合わせまでずれますよね。だから矯正して、また歯を合わせないといけないんです。

　噛み合わせと言えばね、このあいだもある医師と話をしていたら、「噛み合わせなんて別に慣れるから」とか言うんですよ。「ものを食べるときってガッチリ噛みしめるわけじゃないから」って。だからそんなに気にしなくていいって言うんですよ。ビックリしました。

噛み合わせって重要ですよね。私も以前、歯列矯正をしたんですけど、歯科の先生はめちゃめちゃ噛み合わせにこだわっていました。1ミリで全然違うって。

噛み合わせ、大事ですよ。

少々噛み合わせが合わなくても、そのうち慣れるとかいう問題じゃないですよ

ね？

当たり前ですよ！　その先生は美容外科であるけれど、形成外科の専門医ではないからわかってないのかもしれない。

まあ悪口を言うわけではないのですが、あんまりわかっていない先生のところでやったら大変ですよ。骨切だけはやっぱり形成外科の専門医にやってもらった方がいいです。

形成外科としてどんな手術したらどうなるかっていうのを歯科の手術も知ってないとダメだし、さらには美容外科としての知識も持ってないといけないわけです。そういうのがわかっていて初めて触っていい領域だと思います。

「しゃくれ」が歯列矯正をしても治らない理由

あとね、「しゃくれ」の話をしておきたいんですよ。あごが長い場合やしゃくれは歯列矯正をしても治らないケースがあるんです。

なぜかというと、しゃくれの原因が骨自体の位置関係の悪さにあるからです。つまり、上あごに対して、下あごの骨が前に飛び出ているからしゃくれるわけです。それで歯が反対咬合になってしまっている人がいるんですね。

骨の問題ってことですね。そしたら歯列矯正では治せないですよね。

「あごがしゃくれていて反対咬合」というのは、もうちょっと専門的に言うと下あごの位置、歯槽骨の問題なんですね。

歯槽骨？

歯槽骨とは歯茎の骨、歯を支える重要な骨です。歯が歯槽骨に対して正しくついていても、歯槽骨自体が前に飛び出ているので、歯も前に出てしまい、前歯の部分が反対咬合になってしまっているという状態です。

その状態で、歯の歯列矯正をしても、土台の骨が動くわけではないので、仮に歯並びは治ったとしても、しゃくれは直りません。

また歯列矯正では、歯の動く量が制限されてしまうことが多いから、上の前歯の裏に下の前歯がおさまらないという結果になってしまうこともあります。

だから、まず歯の土台であるあごの骨の位置がずれている場合は、Ｐ１３２で説明している骨切りの手術でセットバックをさせて骨を正しい位置に調整してから、必要あれば矯正などの治療をするというのが正解なんです。

そうか、そこも歯科と美容外科領域を融合させたアプローチですね。

あとね、あごがしゃくれた患者さんの反対咬合を歯列矯正で治そうとする場合、前から数えて4番目の歯を抜歯してしまって、前歯6本動かすという方針で治療をされてしまうと、その後にセットバックの手術をしようと思ってもできな

い状態になってしまいます。

なぜなら、セットバックは、先に説明しているように、4番目の歯を抜いて、その歯の幅の分、前歯6本（左右合計）を後ろに下げる手術だからです。

矯正で4番目の歯を抜いて、3番目と5番目の歯の隙間が埋まってしまうと、もうあごを後ろに下げるだけのスペースがなくなってしまうので、骨切りはできなくなってしまうんですね。

先生、4番以外の歯、3番とか5番の歯を抜いて、セットバックすることはできないのでしょうか？

3番の歯を抜いてセットバックすることも、5番の歯を抜いてセットバックすることも可能ではありますが、普通はしないです。まず、3番の歯を抜いてセットバックした場合、歯の描くアーチの形にもよりますが、あまり下がりません。1、2、3番目の歯は同じライン上か、緩やかなアーチを描いていることが多いからです。なので、3番を抜いたとしても下がりが悪く、メリットがないからです。5番の歯に関しては、しっかり下がるのでセットバック可能ですが、

オトガイ神経という感覚の神経が5番の歯の根っこの近くにあるケースが多いので、その神経を傷つけてしまうリスクが上がります。また、神経があるせいで切れない場合があります。なので、第一選択にはなりません。以上の理由で、普通は4番目の歯を抜いてセットバックします。

そうだったんですね。

実は高校生のとき、クラスの子が反対咬合で歯列矯正をしていたのですね。彼女が言うには小さい頃に一度やったけど、また元に戻ってしまったと……。それって骨の問題だったりするんですかね？

歯列矯正をしたのちは、リテーナーというマウスピースで後療法をすることが多いのですが、それを怠ると反対咬合に逆戻りすることがあります。それは骨の問題ということではありません。

歯列矯正を希望して歯科医院を受診する患者さんの中には、「しゃくれ」も治す目的で受診する患者さんも多いと思うんですね。

歯並びは矯正治療だけで治るかもしれないですが、顔貌を改善させるにはあごの骨切りが必要であることを、矯正歯科の先生も広く認識していただけるといいなと思います。

私たちも知っておくべき知識だと思います。特にお子さんのいる親御さんは、知っておいた方がいいですね！

コラム：ドクター丸山の本音トーク

⑦「しゃくれ」の治療は知識不足のクリニックで行ってはいけない

私が修正手術をした患者さんの話です。

この方はあごのしゃくれと反対咬合の治療のために、とある大手美容外科の審美歯科を受診したところ、その主治医は特に患者さんに許可なく、下の前歯4本を虫歯でもないのに抜歯してしまったというのです。そして前から数えて右の3番目の歯から左の3番目の歯まで、前歯全部をセラミックのブリッジにされていました。

それで治ったならまだしも、「切端咬合」という状態までしかならず、当然あご先のしゃくれの状態も治っていませんでした。切端咬合というのは、下の前歯と上の前歯が歯の先で噛み合っている状態です。

噛み合わせも治っていないし、しゃくれも治っていないという状態で、正常な歯も4本抜かれてしまうという、大変残念な結果でした。

せめて、最初にセットバックをして、土台の骨を直してから歯列矯正やセラミック治療で歯並びを治したらよかったと思いますし、本人もとても後悔していました。

この患者さんは当院でセットバックを受けた後、セラミック治療を希望されたため、信頼できる審美歯科医をご紹介しました。今はとても満足されています。

また、別の患者さんは、しゃくれたあご先を引っ込めたいという希望で、他院美容外科を受診したところ、カウンセリングでSSROと上あご骨切りをすすめられました。

それでやってみたはいいが、「しゃくれ感」は変わらないあげく、噛み合わせがずれてしまい、大変不便な状態になってしまったというのです。

それを主治医に訴えると「では矯正しましょう。100万円必要です」とのこと。最初のカウンセリングで、噛み合わせのことや矯正の話は一切なかったそうです。

この方はそこで不信感を抱いて、修正目的で当院を受診されました。

SSROという手術は、前述のように下あごの骨を下顎角部、つまり「エラの位置」で切って、歯ごと全体的に動かす手術です。

この手術では、「あご先と歯との位置関係」は変わらないので、あご先全体を引っ込めたからといって、しゃくれた感じが治るわけではありません。

この患者さんはそもそもしゃくれてはいるものの、反対咬合ではない患者さんでした。そのような場合でしゃくれ感をなくすためには「あご先の骨」だけを下げなくてはならないのです。

この方は結局、当院でオトガイ形成をして、バランスを整えるという修正を行い、とても満足してくださいました。

聞く話によると、その執刀医はほぼすべての患者さんにSSROをすすめるそうです。理由は「マイブームだから」という恐ろしい答え……。開いた口が塞がりませんでした。

プロテーゼで輪郭を整える方法は？

輪郭は骨をいじらずにプロテーゼで整える方法もありますよね。

もちろんプロテーゼもあります。でもうちの場合は、本人がどうしてもプロテーゼでやりたい、切りたくないという希望があればしますけど、基本は骨切りでやります。

それはなぜですか？

骨切りでやった方が絶対にいい結果を出せるから。プロテーゼでないと適用できないというケースってほとんどないんです。

　あと一般的にはプロテーゼの方が術後に腫れないというけれど、うちの場合、そもそも腫れないんで……。術後の腫れということなら、プロテーゼでやったのとほとんど変わらないです。

要は、先生は技術があって自信があるから、骨切りで対応できちゃうってことですね。

まあ簡単に言えばそうです（笑）。あとプロテーゼはね、高齢になったときに、違和感が出てくることがあります。皮膚はどうしても年齢とともにたるみが出たり、しわが寄ったりしますよね。でもプロテーゼを入れた部分はそこだけ老化しないんです。

その意味でも骨を切った方が自然でいいですよね。

だって、患者さんのためですから！

第6章

わきが・多汗症

わきが・多汗症治療の基礎知識

施術内容

わきがの原因はアポクリン汗腺から分泌される汗にあります。この汗は、元は無臭なのですが、皮膚の細菌と反応して「臭い」に変化します。

わきがの場合はこのアポクリン汗腺の機能を抑えたり、破壊したり、除去したりすることで治療ができます。

また、脇が臭う方の中には、乳輪（ちちが）や外陰部の臭い（すそわきが）も気になるという方がいらっしゃいます。これらも同様にアポクリン汗腺を抑える治療を行うことで改善します。

多汗症は過剰な汗をかく疾患で、エクリン汗腺から出る汗が原因となります。多汗症の治療は、このエクリン汗腺の機能を抑えたり、破壊、除去します。

治療法

わきが、多汗症も対象となる汗腺が違うだけで、治療法としては同じです。

当院ではビューホット治療、コンプリート手術、超音波感染除去手術（キューサー法）、ボトックス注射などの治療を行っています。

・ビューホット治療（切らないわきが手術）

ビューホットという機械を使って行う治療です。細い針をダイレクトに汗腺のある場所に刺し、そこからラジオ波という高周波を照射します。アポクリン汗腺、エクリン汗腺を破壊・編成を起こさせることで治療効果を上げます。

・コンプリート手術

手術によって臭いの元であるアポクリン汗腺、多汗の元であるエクリン汗腺を根こそぎ取り去ってしまう方法です。剪除法《せんじょほう》と吸引法があります。

剪除法は脇の下を2〜3センチ切開して、そこから皮膚を裏返し、アポクリン汗腺を肉眼で見ながらハサミで切除していく方法です。エクリン汗腺は真皮という皮膚に埋まっているので、ある程度真皮も削り取ることで除去します。確実に、汗腺を除去できる方法です。エクリン汗腺も取れるので、多汗症にも効果が高いです。

吸引法は脇の下のシワの中に2〜3ミリの穴を2ヵ所開けて、その穴から細い吸引管を差し入れて、主にアポクリン汗腺を吸引除去する方法です。エクリン汗腺は皮膚に埋まっている分、やや取りづらいです。多汗症に関しては剪除法の方が効果があります。

・超音波汗腺除去手術（キューサー法）

当院のわきが多汗症治療の中では一番治療効果の高い治療です。

キューサー法も剪除法の一種ですが、最先端の超音波治療機器を使い、超音波の力で目的の組織を破壊します。

最大の利点は、血管や神経組織などの弾力性の高い組織にはほとんどダメージを加えずに、汗腺を選択的に除去できる点にあります。

キューサー法では、鋭利な刃物を用いる剪除法と比べて、皮膚への血行を保ちつつ、圧倒的に少ない出血で汗腺を取り除くことが可能です。ダウンタイムも短く、傷跡も目立ちません。

・ボトックス注射

気になる部位にボトックス注射をすることで、汗の分泌を抑える治療です。効果は一時的ですが、手術をせずに非常に手軽に治療ができます。体に負担が少ないのでお子さんにも施術が可能です。

脇の下や、陰部だけでなく、頭、額、首、手足、胸、背中など、どこでも対応可能です。持続期間は4ヵ月から半年です。

人知れずわきがで悩む人はかなり多い！

私も実は軽〜いわきががあります。父親からの遺伝なんです。特に夏はかなりケアに気を使いますね。私レベルも含め、わきがで悩んでいる人って多いんですよね。

多いですよ。日本形成外科学会のガイドラインによると、日本人の10人に1人が、「わきが」であるといわれています。治療が必要かどうかは別として、か

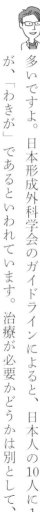

なりの人数ですよね。

あとね、脇以外の部分の、乳輪の臭い（ちちが）、外陰部の臭い（すそわきが）に悩んでいる患者さんも増えています。

そういう悩みも深いですよね。解消できたらうれしいでしょうね。あと、わきがのような臭いはないけれど、汗がすごい「多汗症」というのもありますね。私の友達にもいます。脇汗パットではおいつかないといって、いつも着替えを持って歩いています。

わきががアポクリン汗腺から出る汗が原因なのに対し、多汗症はエクリン汗腺が原因になります。エクリン汗腺は塩水のような汗が出るんです。この場合はエクリン汗腺を除去する治療を行います。そのお友達も治療すれば楽になりますよ。

どの治療法がおすすめ？

いろいろ治療法がある中で、私がやるとしたらビューホット治療がいいなと思いました！

効果が高くて、切らなくていいというのが絶対にいいですよね。施術時間も20分から30分でダウンタイムが短いというのも魅力的です。

ビューホットは人気ですね。患者さんの治療満足度も97％と非常に高いです。うちではわきが治療のメインの施術となっています。

丸山先生はビューホットの第一人者と聞きました！　ビューホットという名前も先生が付けたんですか？

名付け親ではないです（笑）。海外のメーカーの機器なんですけど、僕は日本に導入された当初から興味を持っていて、ずっと研究をしてきたんですね。効

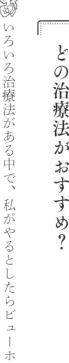

果的な照射時間や、強さ、照射する深さとかね。この機械は使い方・扱い方もすごく重要なんですよ。

僕、本来は「手術の人」だから、機械の治療には少々懐疑的になってしまうのですが、これは確かに効くなと実感があったから、自分が開業したときに導入しました。

その後も機械の精度や取り扱いやすさをメーカーにフィードバックしたりして、機械自体の改良にも貢献してきているんです。その結果、当院は日本で初めてメーカーから学術発展の認定施設として指定されました。

論文も書かれているんですよね。

書きました。医師向けのセミナーの講師もしています。

ビューホットは「汗腺を焼く」ということなんですけど、ヤケドにならないんですか？

焼くと言ってもね、焼く範囲は、刺した針の先から直径0・5ミリの範囲だけなんですよ。

治療では針を刺す深さを変化させながら、アポクリン汗腺の存在する深いところから、エクリン汗腺の存在する浅いところまで満遍なく焼いてきます。その間、皮膚の表面は冷却装置で冷やされていますので、ヤケドになったりはしません。

痛みはありますか？

施術中は麻酔をしますし、治療後も痛みはほとんどないです。だから小学生や中学生のお子さんも受けられます。もちろん成長途中の子どもに施術をしても、成長障害などの問題を起こさないから安心して受けてもらえます。

学校って子ども同士の距離が近いでしょう。着替えもあるし。だからわきがや汗で悩んでいる子は多いんですよ。女の子は特に。わきがが原因でいじめもあるし。

図表7　ビューホットの仕組み

＊細い針を汗腺のある場所に刺し、高周波（ラジオ波）を照射。アポクリン汗腺とエクリン汗腺を破壊します。皮膚の表面は冷却装置で冷やされているので、ヤケドになることはありません。

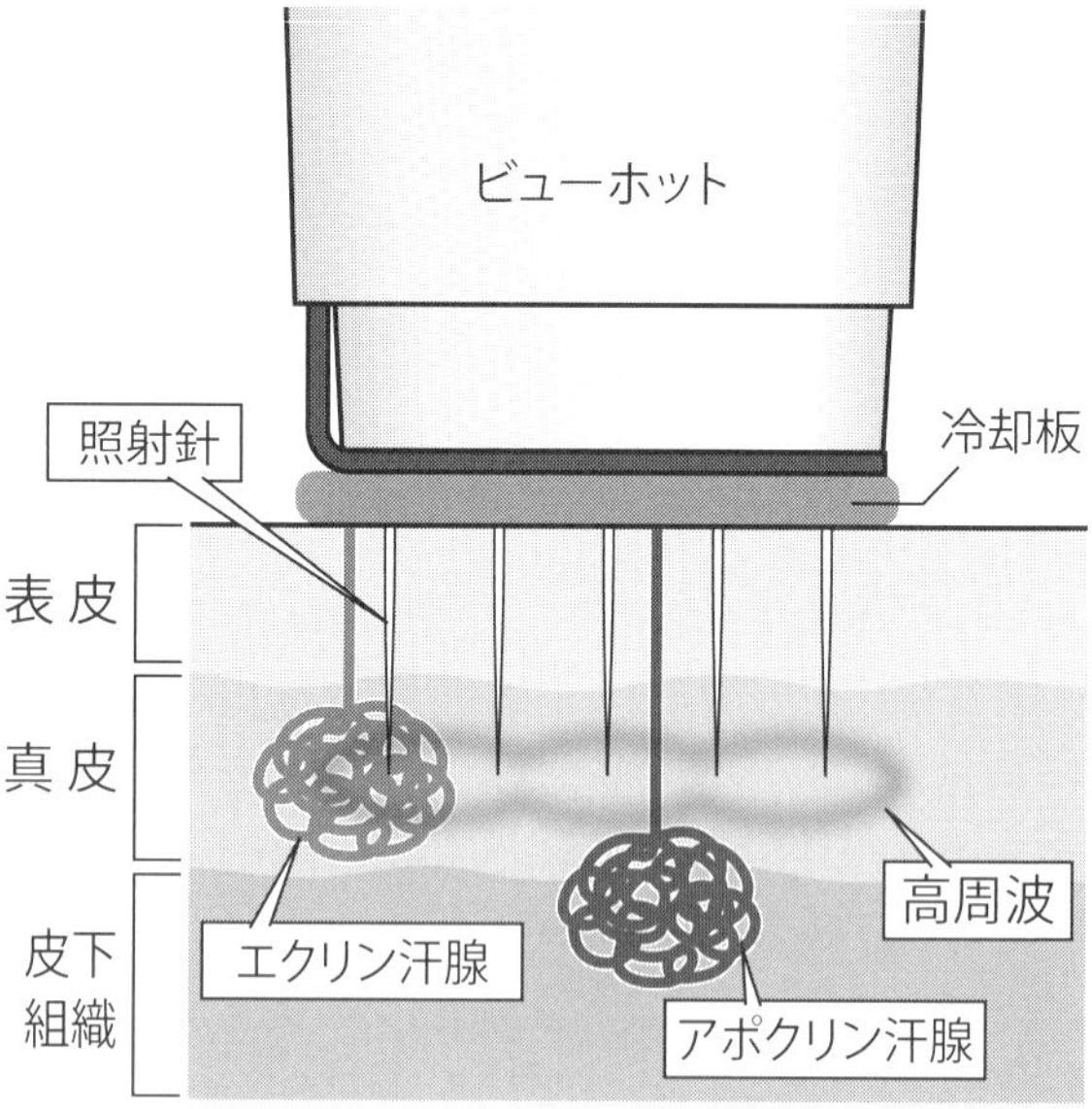

・針を刺す深さによって高周波の照射出力が変化。
4〜6段階で0.1ミリ単位での調整が可能。

悩んでいるならぜひ相談してほしいですね。

わきがのクリニック選び

次は私の大好物の「クリニック選び」の質問です（笑）。わきが治療におけるクリニック選びのポイントってなんですか？　やっぱり今ならビューホットを導入しているところははずせませんよね？

最新機器を導入していることも、もちろん重要なんだけど、一番大事なことは、ちゃんと切って治すわきがの手術ができるクリニックであることです。

それは意外ですね。最新機器があればいいってもんじゃないんですか？

はい、機械だけに頼ってやっているクリニックはおすすめできないです。もちろんビューホットをはじめとした治療機器はすごく進化しているけれど、パー

フェクトではないわけですよ。でも手術だったら根治ができるわけです。

万が一、機械で満足できなかった、いい結果が出なかったという場合、手術で対応できるかどうか。そこが大事なんです。

その保全的措置として、こちらではコンプリート手術、キューサー法があるのですね。

そうです。ビューホットでほぼ満足してもらえるけれど、まれには「まだ臭いが残っている」「気になる」という方もいらっしゃいます。これって最終的には本人が満足できることが大事ですからね。

今までビューホットをやって満足できなかったという人はいましたか？

えーっと、当院の開院以来、何百例もやった中で3人いましたね。1人目はもう一度ビューホットを行って、満足してもらえました。2人目は再度ビューホットを行ったけれど、片方の脇だけがどうしても気になるということで、キュー

サー法をやりました。3人目は2回ビューホットをしても治らず、3回目にキューサー法を行って治しました。

だから、機械で治せなかったとき、ほかの最終的なちゃんと治せる方法を備えているかどうか、最後は汗腺を根こそぎ取っちゃえば治せるわけですから。

切らないでやればそれに越したことはないけど、手術という最後の砦を持っておくことが必須だと僕は思うんです。

なるほど！　すごく参考になりますね！　あと先生、わきがというとレーザー治療というのがよくあるじゃないですか。こちらではなぜレーザー治療を行っていないのですか？

まず、うちのわきがの施術は、すべて論文があって、エビデンス（科学的根拠）が確立したものを採用しています。
ビューホットの論文は僕が書いているし、キューサー法も論文がちゃんと出ています。キューサー法は僕がいた大学病院で開発された方法なんだけど、組織の検査も行われていて、いずれにしろちゃんと医学的根拠があるわけです。

一方、レーザーはお手軽かもしれないけれど、エビデンスの問題で採用していません。

要はわきがや多汗症はアポクリン汗腺とエクリン汗腺を確実に破壊しないと治せないわけでしょう。レーザーはそれを「目視化」でなくて「盲目的」にやるわけですよ。確実に取れているかどうかわからないんです。

でもね、「盲目的」と言うならビューホットも同じなんですよ。肉眼で見て汗腺を切除するわけではないから。

しかし、ビューホットの場合は、それをやった結果、汗腺がどれだけ破壊されているかについてのエビデンスがあるわけです。

レーザーは2000年頃の論文で、脱毛レーザーが有効だという研究結果が出ているものの、その部分でエビデンスが確立していないから、うちでは採用していないんです。

人によって選択はいろいろでいいと思うけれど、それぞれの方法のメリット・デメリットをきちんと知ってから受けた方がいいですね！

どっちがいいですか？

私、実は少々わきが体質で、今すっごく悩んでいて……、相談に乗ってもらっていいですか？
もちろんいいですよ！
A：フランス人の彼氏
・顔イケメン、ビンボー、優しいけど浮気性
わきがはセクシーな香り、ゼンゼン気にしません
B：日本人の彼氏
・顔フツメン、給料普通、まじめだけど話が面白くない
わきがは実はちょっと苦手なんだ……
あの〜〜、先生、どっちの彼氏がいいと思いますか？
きゃっ
恋の相談はできません

第7章

刺青・タトゥー除去

刺青・タトゥー除去の基礎知識

施術内容

刺青・タトゥーの除去には、おおまかにレーザー治療、手術療法があります。

・レーザー治療

当院では現在Qスイッチ・ヤグレーザーを採用しています。

レーザー治療は、黒、茶、赤、青の刺青に対して有効です。ダウンタイムも短く、生活や仕事にはほとんど支障なく、除去が可能です。デメリットは深く入ったものは消えづらいこと、黒、茶、赤、青以外の色は消しづらいことです。

素人が入れた、いわゆる「いたずら彫り」は、黒、茶、赤、青なら何事もなかったかのように消えます。

・手術

手術法には、切除法、植皮術、削皮術《さくひ》があります。

切除法は刺青部分をカットして縫い縮める方法です。1回で切除をする場合と、何回かに分けて切除をする「連続切除」があります。

切除では取りきれないような範囲の広い刺青は、植皮術で除去します。刺青の部分を切除して、ほかの場所から取った皮膚を貼り付けます。皮を取るところにも傷ができてしまうというデメリットはありますが、どのような大きさの刺青にでも対応できる手術です。

植皮ができないようなケースは削皮術という方法を用います。これは皮膚を薄く削る方法です。刺青は消えますが、傷跡は残ります。つまり、刺青を何かの傷跡のように見せかける方法です。

削皮術は皮をとる場所がないくらい全身に入っている方や、広範囲なスジ彫りだけの場合などに施術します。皮膚を削った後に、レーザーを当てるという方法もあります。

高い専門性が必要とされる刺青・タトゥーの除去

タトゥーや刺青を除去したいという要望は、やはり多いんですか？

最近は特に増えてきています。やはり現代の日本では、刺青が入っていると、何かと支障が起こることがあるんですね。就職や結婚などに不利ということで駆け込んで来られる方も多いです。

あとタトゥーは入れたときはよくても、時間がたつと飽きちゃうってことがありますよね。

若気の至りで入れたものの、今となっては後悔しているとかね。あと子どものころにいたずら彫り（自彫り）というのをしてしまって、消したいといって来られる方も結構多いですよ。

タトゥー、刺青といってもいろいろありますよね。自彫りもそうだけど、洋彫り、和彫りとか。色もさまざまですよね。

いろいろあるけれど、当院では「どのような刺青も除去します」というのをモットーにしていて、さまざまな方法を使い分けたり、組み合わせたりして、どのような刺青でも、どのような場所でも安全に除去します。

そうだ、刺青除去こそ、形成外科の専門技術ですよね。傷をきれいに治すプロフェッショナルですものね。

当院では、刺青除去の手術は形成外科のトレーニングを受けた医師でない限り担当しません。

　形成外科では、「優しく組織を扱う」テクニックや「きれいに傷を治す」テクニックを、まずみっちり教え込まれますからね。その部分はなかなかほかの外科系の医師にはまねのできないところかもしれないです。

傷を縫うのも、形成外科の先生は跡がきれいというか、技術が違うんですよね？

皮膚を縫うだけでも、ミリの単位ではなく、10分の1ミリの単位での精度を要求されますからね。そのような技術があってこそ初めて、刺青除去の治療に携わることができるんです。

でもレーザー治療もあるわけですよね。手術はそれほど大事ですか？

もちろんですよ。レーザーで治療できればそれに越したことはないけれど、それでは対応できないときもあって、その場合は切除などの手術になります。わきがと同じで、そういうときの手立てを持っていないといけないです。

進化するレーザー治療

ではまずレーザー治療からうかがいましょう。手軽で傷跡も残らないから、レーザーで消せるものならレーザーで消したいですよね。

レーザーは人気ですが、数回通っていただく必要があります。状況によっても異なりますが、プロの彫ったものは5～6回、素人の彫ったもの、自彫りは1回から3回ぐらいです。素人の彫ったものは何もなかったかのようにきれいに消えます。

そもそもなぜ刺青がレーザーで消せるのですか？

レーザーは、強力な光のエネルギーをインクに当てて、インクを砕いて細かな粒にするんです。細かくなった粒は、体の細胞に食べられたり、リンパの流れに乗ったりして体の外に排出されていきます。

レーザーも種類があって、波長によってどの色に反応するかというのがあるんです。当院では刺青除去に定評のあるQスイッチ・ヤグレーザー、メドライトC6を採用しています。これは国内でも承認が取れている安全性の高いレーザーで、黒、茶、青、赤に対応しています。

最近はピコレーザーというのも出てきていて、これは黒、茶、青、赤以外も対応しています。カラフルな刺青も除去できるんです。

うちではピコレーザーは採用していないけれど、カラフルな刺青をしていて、レーザーで取りたいという希望のある人は、ピコレーザーを持っているところに行くといいと思います。

わきがに対するレーザー治療はエビデンスが確立していないという話でしたが、刺青除去についてはレーザーはエビデンスがあるんですか？

あります。だから採用しています。

他院で「無理です」と言われても切除法ができる可能性あり

レーザーでは取り切れない、あるいは対応できない場合は手術となるんですね。

手術療法には、切除法、植皮術、削皮術があります。切除法もね、1回では取り切れないけれども、植皮をするほどでもない刺青は「連続切除」という方法を行うんです。この方法も、形成外科的な手技やノウハウが必要ですね。

サイズが大きいために、切除法で刺青を除去することを諦めていた方や、他院で断られてしまった方でも、実はほとんどの場合で治療可能なんですよ。

切り取ってしまえるのならそれに越したことはないですね。

そうでしょう。たとえば、二の腕の場合、半周くらいまでの面積の刺青であれば連続切除で切除可能です。

また、肩などの皮膚の余裕がないような場所の刺青でも、背中などの皮膚が余っている場所から、徐々に皮膚を伸ばしてきて縫い寄せてしまうような方法もできます。

それはすごいテクニックですね。もし他院で「これは切除法では無理です」と言われた場合も、ワンチャン、こちらに来て一度聞いてみたらいいかもしれませんね。

ワンチャンあります（笑）。

それでもさすがに刺青の範囲がすごく大きくて、切除が難かしい場合は植皮術が必要となってくるのですね？

そうですね、植皮術では広範囲の刺青を短期間で除去できるのが最大の利点となります。

一般的には関節が近い場所の手術や、手などの植皮術は難しいとされていますが、当院では安全に機能障害なく施術できます。また、背中の広範囲な刺青や肩など、皮膚の余裕のない場所の刺青でも植皮術で完全に除去できます。

植皮術というと、なんだか怖いようなイメージがあるんですが……。

手術は局所麻酔と静脈麻酔を組み合わせて行うので、眠っている間に痛みなくできます。寝て、起きたら手術が終わっています。

なるほど、起きたら終わっていると考えればちょっと怖さも減りますね。

跡はどのぐらいきれいになる？

切除法にしても植皮術にしても、手術を行う場合、気になるのは「跡」の問題なんです。先ほど形成外科の技術できれいに縫うという話が出ましたが、さすがに切って縫ったら跡は残りますよね。

切除法の場合、刺青の形によっても異なりますが、基本的には1本線か曲線、また枝を持った線の形のどれかに落ち着いてきます。

植皮術の場合は年月とともに目立たなくはなるけれど、さすがにまったく何事もなかったかのようにはならないですね。跡はどうしても残ります。

でもね、たとえば、怪我や手術をして、病院で縫った場合も同じような傷跡になるわけでしょう。でも刺青は消えているからバレませんよね。「ほかの傷跡のように見せかける」と考えてください。

だからもし人に「ここどうしたの?」って聞かれたら、「子どものころに熱いみそ汁がかかった」とか、「交通事故でバイクのマフラーが当たりました」などと言うといいよとアドバイスしています。

「子どもの頃」っていうのがポイントなんです。赤ちゃんの頃とか、物心つく前だからよくわからないと言えば、人はそれ以上聞いてこないですから。

ちゃんと切り返し方の指導まで(笑)。あと、植皮術では皮を取るわけですけど、その部分の傷は残りますか?

跡は残りますが、だんだん目立たなくなります。うちでは皮を取った箇所の傷もなるべくきれいに治すために、皮膚を採取する厚さの調節を0・1ミリ単位で厳密に行っていますから。

それと当クリニックでは創傷《そうしょう》被《ひ》覆材《ふくざい》にもこだわっています。

創傷被覆材って何ですか？

創傷被覆材とは、傷を早くきれいに治すために開発された材料で、主に形成外科で使用されている医療材料です。直接皮膚に貼り付けるタイプのもので、これを張り付けることによって早く治るし、患部を清潔に保つんですね。

「いつまでに取りたいか」によって治療計画が決まる

手術、レーザーによる除去について伺ってきましたが、レーザーで対応できなければ手術、ということでいいですか？

いやいや、そういうわけでもないです。タトゥー・刺青の除去の最大のポイントは「いつまでに取りたいか」ということなんです。

ほ〜、期限ですか？

はい、人によっては就職とか結婚とか、期限が決まっている人がいるでしょう。あと子どもが物心つく前までに取りたいという人も多いです。それによって治療計画が決まるから。

たとえば急いでなくて、なおかつあまり日常生活に負担なくやりたいという人はレーザーが第一選択になります（刺青の色によってはできないこともあります）。

レーザーでいけるところまでやって、1～2年がんばってみてそれで消えればOK。どうしても残ってしまったら、そこだけ切除するとか、削皮することもできます。

逆に時間のない人は？　最初から切除したり、植皮になるわけですね。

そうです。あとはその人の生活スタイルも大事です。肉体労働の人、たとえば大工さんで腕に入れた刺青を取りたいという場合、切除手術は厳しいでしょう。

術後、重いものを持った瞬間に縫い寄せた部分がパリッと……。

なりかねないでしょう。だからそういう場合はレーザー治療か、あとは手術でも削皮術で行うとかね。その人のライフスタイルに合わせて、治療方針を決めます。

ということは、刺青を取りたい人はなるべく時間的余裕を持って受診した方がいいですね。

そう、その方が治療の幅が広がります。あとね、切除するにしても取りやすい形と、取りづらい形があるんです。

へ〜〜、形ですか？

腕とか足の場合は、一応、ブレスレットのような入り方で半周までは1回で切除できるといわれているんですけど、その場合でも楕円とか、四角とかの形の中にまとまっているものは手術しやすいんです。

たとえば植物のつるみたいのが長々と腕にからまっているような絵柄は、1回では難しいと。

そうですね。（A）のようなものは1回でOK、でも（B）のようなものは1

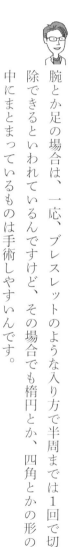

図表8　1回で取れる刺青(A)と数回かかる刺青(B)

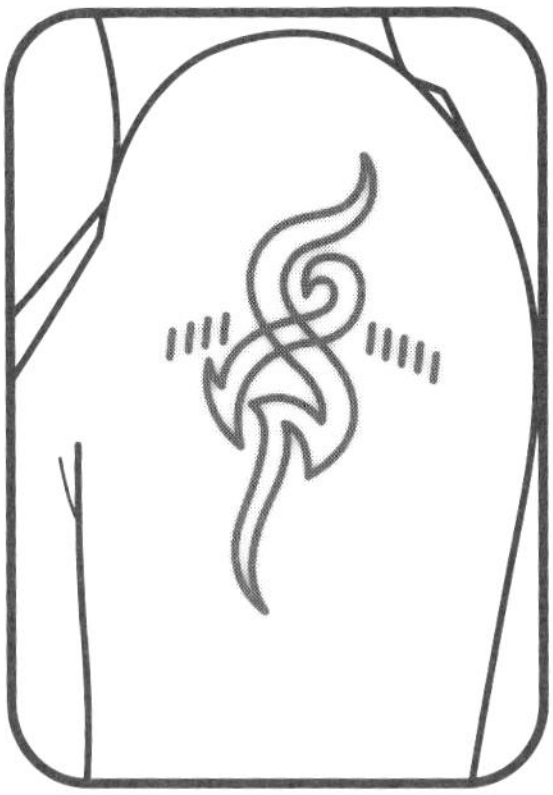

1回で取れる刺青（A）

＊紡錘形（葉のような形）の場合は、切り取りやすく縫いやすいです。
刺青の形のままに切って縫ってしまうと左右非対称な十字の傷が残りますが、1回で完全切除が可能です。

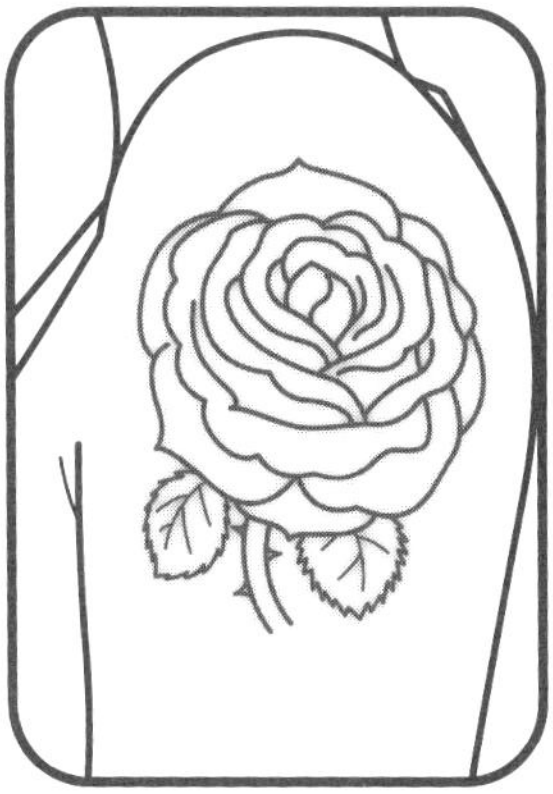

数回かかる刺青（B）

＊複雑な絵柄が彫られた刺青は、何回かに分けて切除を繰り返す、連続切除という形成外科のテクニックを使って切除をします。
このくらいになると、刺青を切除して皮膚をほかの部位から移植する手術（植皮術）も適応です。

回では難しいです（P185ページ参照）。

みなさん、タトゥーを入れるときは、あとで取ることを考えて取りやすい図柄のものを入れましょう（笑）。

最初から取ることを考えて入れる人はいないかもしれないけどね（笑）。僕たち、取る専門からすればなるべく取りやすい形で入れてほしいですね。

アートメイクの失敗を「なかったこと」に

あと、刺青ではないんだけど、最近はアートメイクをする人が増えてきていますよね。眉とか、アイラインとか。

はい、人気ありますよね。友達も何人かやっています。

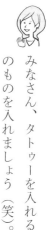

あれで失敗してヘンになったとか、不自然になったという場合、レーザーで取れるんです。実際そういって駆け込んでくる人も増えてきています。

アイラインの部分にレーザーですか？　目に危険はないですか？

コンタクトレンズみたいなものでカバーをしますから、まったく問題ないです。

アートメイクは2年とか3年で自然に消えていくといわれますけど、失敗されちゃった場合、それをずっと我慢するのはきついですものね。消せるというのはありがたいです。

刺青に比べたらめちゃめちゃ楽に消えます。

　逆に言えばアートメイクぐらいの浅いところに入れれば、簡単に消せるんです。ライトタトゥー、ボディアート、ボディペイントとかいうんですか？　名前はよくわからないんだけど、そういうのでやっておけば、いざというときに簡単に消せるんですよ。それかタトゥーシールで楽しむとかね。

どうしても「取る」目線で考えてしまうのですね。

職業柄ね（笑）。

コラム：ドクター丸山の本音トーク

⑧紹介の多いクリニック

当院は紹介で来る患者さんがすごく多いです。ひとつはうちで手術した患者さんの紹介。まえがきで「ここのバレない豊胸を受けたらよかったから」と言って友達を連れてくる話をしましたが、もちろん豊胸以外も紹介が多いです。美容外科の手術を受けたなんて、あまり口外したくないという人も多い中、とてもありがたいことだと思います。

もうひとつは医師の紹介です。ほかの科の先生が「それは美容外科の範疇だから」とか、形成外科の先生が「マイアミさんでやったらきれいに治せるから」と言って紹介してくれます。

おもしろいのは、まぶたの下垂、眼瞼下垂について教科書を書かれている高名な先生がうちに患者さんを紹介してくれることです。眼瞼下垂の手術で（笑）。どうしてご自分で手術しないのかな？　と不思議でしょうがないのですが、ご紹介はありがたく引き受けています。

タトゥーはよく考えてから

あとがき

本書を読んでくださってありがとうございます。

「美容外科を受診するなら、なによりクリニック選びが大事」という信念から、思い切って本音で語らせてもらいました。普通、美容外科の先生がなかなか話さないようなことも、率直に述べています。

なぜならばその部分こそが、みなさんの利益につながると思ったからです。

ときにユリさんの鋭い突っ込みにタジタジになりながらも、有益かつ、楽しいトークを展開することができたと思っています。

本書も最後なので、私の今後の夢を語らせてください。

「美容外科の最強医師集団を作りたい」「美容外科をさらに発展させていきたい」という私の思いはすでに述べましたが、実はその先にもっと大きな夢が、私にはあります。

それは「医療過疎地域」をなくしたいということです。

日本は高度医療を受けられる国ですが、一方で医療過疎もまた深刻です。

離島やへき地では医療機関が遠いとか、医師不足といった問題に悩んでいます。

なぜ医療機関がないのかというと、簡単に言えば採算が取れないから。クリニックも法人ですから、最初から採算が取れそうもないところには進出できないのです。

そうした医療過疎地に病院を作って、地域医療に貢献したいというのが私の夢です。

もちろん自由診療の美容外科ではないですよ（笑）。保険診療で内科や形成外科、皮膚科など、本当に地域に必要とされる医療を提供したいと思っています。本当はお金ももらわないぐらいでやりたいけれど、個人のレベルではそこまでは難しいかなと思います。

「なぜ美容外科の医師が医療過疎問題を？」と、疑問に思われるかもしれませんね。

美容外科はすべて自由診療ですから、それなりの利潤を生むわけです。そしたら今度はそれを分配するということを考えないといけないと思うのです。分配、すなわち社会貢献です。

私個人の力は限られているけれど、それを全国の美容外科がその地域で展開していったら、医療過疎の問題も緩和できると思うのです。

ご存じのように日本の医療費は40兆億円を超えて、国家財政を大きく圧迫しています。そのため、過疎地にはなかなか手がまわらない現状があります。私たち医師も現場からできることがあると思っています。

そういうことに取り組めば美容外科の地位向上にも役立つことでしょう。「美容外科はあやしい」なんて思われなくて済むのではないでしょうか。


なぜ私がこういうことを考えるかというと、幼少時に見た祖父と父の姿がいつも胸にあるからです。

私は愛知県の豊橋市の出身で、実家は代々続く歯科医院。父も祖父も歯科医でした。

40年前、私の生まれた頃はとても羽振りがよかったです。当時は歯科医院の数自体も少ない上に、今と違って虫歯の患者さんがすごく多い時代でした。

また自由診療と保険診療を混ぜる混合診療をしてもよかったし、言葉はよくないけど、それはもう儲かりまくっていました。

「山持ち」といって、山を持っているお金持ちが、きんちゃく袋に札束をぎゅうぎゅうに押し込んで通ってくるのです。父は1組100万円の金の入れ歯なんかを作っていました。キンキラキンの金歯を入れることが、当時のお金持ちの一種のステイタスだったんですね。

父と祖父には、もうひとつ別の顔がありました。

うちは木曜日と日曜日が休診日でした。クリスチャンでしたから日曜日は教会に行くので、完全なオフは木曜日だけ。その木曜日になると父と祖父は二人して、「訪問診療」に出かけて行くのです。

高齢者、寝たきりで歯医者に来られない人とか、経済的事情で通えないという人のところにも行っていました。

今でこそ歯科の訪問診療もそれほど珍しくないけれど、当時は誰もやっていないことでした。

往診車なんかもちろんないから、自分たちでマイクロバスを改造して、中に歯科治療のできる小さいユニットを設置しちゃったんです。

治療用の機材はポータブルのものを使うのですが、当時はそんなの日本にはなかったから、ドイツ（だったと思います）から輸入していました。かなり高かったと思われますけど。

それで木曜日になると、二人してそのマイクロバスで出かけては、歯の治療ができなくて困っている人のところに行って治療をしてあげる。脳性まひで寝たきりの人の治療もしたりしていました。

診察は保険診療でやっていましたが、お金のない人からは「いいよ、いいよ」と言ってもらっていなかった。

お金のある所からはしっかりもらうけれど、困っている人にはちゃんと分配する——。

この二人の姿こそが今の私の原点です。

ありがたいことに、私のクリニックは自分が思った以上に繁盛しているけれど、その分はいつか社会貢献に回したいという思いが頭に常にあります。

こうした医療過疎救済のシステムを作り上げることができたら、私はもう医師として本望以外の何物でもないです。

祖父も父もすでにこの世を去ってしまいましたが、二人が喜んでくれること、二人に報告できることを、ひとつでも多くこの人生の軌跡として残したいと思っています。

その夢を叶えるためにも、今は目の前の仕事に対して日々、全力で取り組むことが何よりも大事だと思っています。

参考文献

『医者の本音』中山 祐次郎 著/SBクリエイティブ
『美容外科医の本音―そろそろ本当のことを話そう!』麻生 泰 著/白誠書房

32歳《さい》の悩《なや》める女子《じょし》が美容外科医《びようげかい》に聞《き》いてみた
「痛《いた》い？」「こわくない？」「いくらなの？」

2019年11月20日　初版第1刷

著　者 ――――――― 丸山直樹《まるやまなおき》
発行者 ――――――― 坂本桂一
発行所 ――――――― 現代書林
〒162-0053　東京都新宿区原町3-61 桂ビル
TEL／代表　03(3205)8384
振替00140-7-42905
http://www.gendaishorin.co.jp/
ブックデザイン ――― 石垣由梨(ISSHIKI)
イラスト ――――― 村山宇希
図表 ――――――― 宮下やすこ
編集協力 ――――― 高橋扶美、堺ひろみ

印刷・製本：広研印刷(株)
乱丁・落丁本はお取り替えいたします。

定価はカバーに
表示してあります。

ISBN978-4-7745-1814-5 C0077